W0233963

Hermann Krekeler
Experimente für alle Sinne

Hermann Krekeler

EXPERIMENTE
für alle Sinne

Mit Illustrationen von Rolf Bunse

Ravensburger Buchverlag

Inhaltsverzeichnis

Riechen & Schmecken

Tasten & Körperwahrnehmung

Die Fenster zur Welt

*Woher wissen wir eigentlich, ob es Tag oder Nacht ist?
Wie merken wir, ob das Badewasser kalt oder warm ist?
Woran erkennen wir, ob das Eis nach Himbeere oder
nach Erdbeere schmeckt? Und woher weiß man eigentlich,
ob jemand flüstert oder schreit?*

Die Antwort ist leicht, schließlich haben wir Augen im Kopf, Ohren, eine Nase und einen Mund.

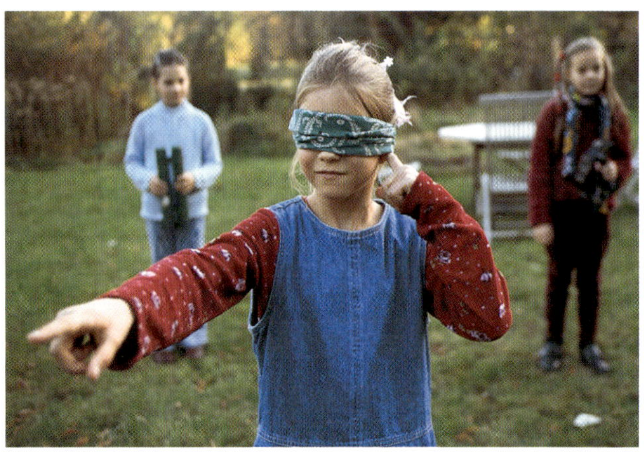

In jedem dieser Sinnesorgane befinden sich viele Millionen Sinneszellen. Sie sammeln ununterbrochen Informationen über alles, was um uns herum und mit uns geschieht, und melden es weiter an das Gehirn. Solche Sinneszellen gibt es nicht nur in Augen, Ohren, Mund und Nase. Sie befinden sich überall im Körper: in der Haut, im Magen, in den Gliedmaßen, den Muskeln, unter den Fußsohlen.
Ohne die Sinneszellen wüsstest du nicht, wann du hungrig, durstig oder satt bist. Du würdest es nicht spüren, wenn dir jemand auf den Fuß tritt.

Im Dunkeln könntest du nicht einmal sagen, ob du liegst oder stehst. Ohne die Informationen der Sinneszellen könnten wir nicht überleben.

Was täuscht die Sinne?

Nun scheint es so, als sei auf unsere Sinne nicht immer Verlass: Wenn dir schwindlig ist, dreht sich alles. In einer Muschel meint man, das Meer rauschen zu hören. Manchmal sehen Kreise aus wie Spiralen, und gerade Linien scheinen krumm zu sein. Für solche Sinnestäuschungen finden sich in diesem Buch zahlreiche interessante und überraschende Beispiele.

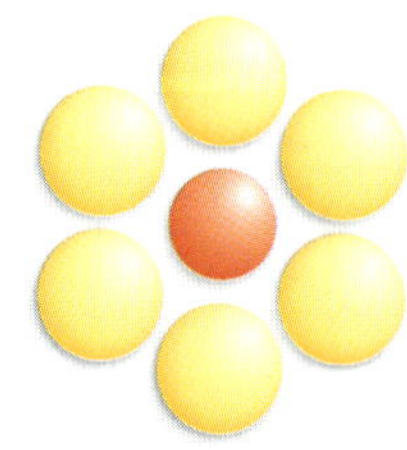

In Wirklichkeit sind es aber gar nicht unsere Sinne, die uns in die Irre führen, sondern das Gehirn. Die Sinne registrieren lediglich unterschiedliche Reize und leiten sie an das Gehirn weiter. Aber das Auge allein kann nicht zwischen einer

Teetasse und einem Goldfisch unterscheiden. Das kann nur das Gehirn.
Es muss in Bruchteilen von Sekunden

viele Millionen Daten auswerten.
Alle neuen Sinneseindrücke werden
sortiert und mit bereits gespeicher-
ten verglichen, um ihnen eine Bedeu-
tung zu geben.

Super-Rechner im Kopf

Sind die Daten, die das Gehirn
bekommt, unvollständig oder wider-
sprechen sie sich sogar, kann es
vorkommen, dass das Gehirn falsche
Schlüsse zieht. Das geschieht aber
nicht aus Dummheit. Vielmehr nutzt
das Gehirn frühere Erfahrungen,
um Bilder zu vervollständigen oder
eine Entscheidung zwischen wider-
sprüchlichen Eindrücken zu treffen.
Das alles geschieht blitzschnell und
ohne, dass wir etwas davon merken.
Manchmal täuschen wir uns, weil wir
von vorneherein etwas Bestimmtes
erwarten: Ein rotes Lutschbonbon
sollte fruchtig schmecken, ein großer
Stein schwerer sein als ein kleiner,

eine Schnecke langsamer als eine
Eidechse. Wenn wir glauben, dass es
so ist, achten wir nicht mehr genau
auf das, was wir tatsächlich wahrnehmen.

Genuss mit alle Sinnen

Die Sinne helfen dir, dich in der
Umwelt zurechtzufinden. Sie warnen
vor Gefahren und melden, was in
deinem Körper vorgeht. Das ist noch
längst nicht alles. Sinneseindrücke
sind meist mit Gefühlen verbunden.
Die warme Sonne auf der Haut fühlt
sich angenehm an,
der Duft von Seife
erfrischt uns und du
freust dich, wenn
im Radio deine Lieb-
lingsmusik gespielt
wird. Ohne Sinne
könnten wir nichts
genießen. Und je
besser unsere Wahr-
nehmung ist, desto
größer wird der
Genuss.
Dieses Buch verrät
dir, wie du deine
Sinneswahrnehmung
verfeinern und schulen kannst.
Es zeigt dir, was unsere Sinne alles
können und wie sie zusammenarbeiten. Du wirst staunen.

Viel Spaß bei der Entdeckung deiner
„Fenster zur Welt"!

Sehen

Das brauchst du:

Spiegel (er sollte so groß sein, wie eine Postkarte, nicht viel größer)

Was geschieht hier?

Unsere Augen sind es gewohnt, das zu sehen, was vor ihnen liegt. Wird der Blick nun durch den Spiegel z. B. nach unten gelenkt, meinen wir anfangs, der Boden befinde sich direkt vor uns in Augenhöhe. Es braucht eine ganze Zeit, bis sich unser Gehirn auf den neuen Blickwinkel eingestellt hat.

Mit einem Spiegel kannst du deinen Blick in eine ungewohnte Richtung lenken. Findest du dich trotzdem noch zurecht?

Blick mit Knick

Halte den Spiegel so über deine Augen, dass du deine Füße sehen kannst. Und nun geh los. Nicht schummeln! Immer nur auf die Füße schauen. Besonders spannend ist das auf einem schmalen Waldweg. Du siehst jeden Stock, jeden Stein, jede Wurzel. Wenn man so von oben auf etwas herunterblickt, nennen wir das Vogelperspektive.

Jetzt veränderst du den Blickwinkel noch einmal: Halte den Spiegel so unter deine Augen, dass du in den Himmel blickst. Nun vorsichtig losgehen, du siehst ja nicht, wohin du trittst. Dafür aber siehst du Baumkronen, Äste, Laternen aus einem ungewohnten Blickwinkel – der Froschperspektive. Natürlich können Frösche auch nach vorn und unten schauen. Ihre Augen sind aber so eingerichtet, dass sie zugleich immer den Himmel im Blick haben. Von dort oben drohen ihre Feinde, die Vögel.

Schnell wie der Blitz

1 Ein Freund hält den Stab so über deine Hand, dass das Ende frei zwischen deinem Zeigefinger und Daumen hängt. Plötzlich lässt er den Stab los und du musst schnell zugreifen, um den Stab möglichst früh zu erwischen.
An der Skala könnt ihr eure Reaktionszeiten miteinander vergleichen.

2 Befestige einen etwa 5 cm langen Streifen aus festem Papier am Ende des Stabes. (So wie du es auf dem Foto siehst.) Nun wiederhole den Versuch. Diesmal aber schließt du die Augen. Du musst dich jetzt ganz auf dein Gefühl verlassen. Sobald du den Papierstreifen an Daumen und Zeigefinger spürst, greifst du zu.

Wann reagierst du schneller:
Wenn du das Stabende siehst oder wenn du es spürst?

Die Fliege ist schneller

Man kann seine Reaktionszeit mit etwas Training verbessern – trotzdem: Fliegen können zehnmal so schnell auf einen Reiz reagieren wie Menschen. Das liegt zum einen an ihren viel kürzeren Nervenbahnen und zum anderen an ihren flinken Augen.
Deshalb können wir sie nur schwer fangen. Alle Tiere reagieren unterschiedlich schnell: Pferde reagieren schneller als Hunde und Katzen wiederum schneller als Pferde.

Das brauchst du:

Kerze oder Teelicht
Küchenwecker
Taschenlampe
Zimmer, das sich ganz
*   verdunkeln lässt.*
*   Wenn das nicht*
*   möglich ist, musst du*
*   dich bis Sonnen-*
*   untergang gedulden.*

Vorbereitung:

Verdunkle das Zimmer,
setze dich auf einen
Stuhl. Halte ein Feuer-
zeug und die Kerze
bereit.

**Was geschieht
hier?**

Damit wir nicht
geblendet werden,
verengen sich bei
hellem Licht unsere
Pupillen. Das geht
recht schnell.
Bei Dämmerlicht
werden sie wieder weit
und lassen viel Licht
durch. Außerdem
erhöht sich bei Däm-
merlicht allmählich
die Empfindlichkeit
unserer Augen. Das
dauert bis zu 40 min.
Die Gewöhnung an
helles Licht dagegen
geht sehr viel schnel-
ler.

Deine Augen gewöhnen sich an Dunkelheit.
Aber was kannst du im Dunkeln noch erkennen?

Dämmerlicht – wenig Sicht

Stelle den Küchenwecker auf 10 min und setze dich in das verdunkelte Zimmer. Deine Augen brauchen mindestens 10–20 min um sich an die Dunkelheit zu gewöhnen. Schau dich um. Kannst du etwas erkennen? Ist es wirklich ganz dunkel im Zimmer? Nach 10 min zündest du die Kerze an. Stelle sie so, dass sie dich nicht blendet. Warte wieder 5 min. Kannst du bei Kerzenschein lesen? Kannst du Farben unterscheiden?

Pupillen in Aktion

Sieh in einem abgedunkelten Raum in einen Spiegel. Warte 1–2 min. Kannst du deine Pupillen gut erkennen? Nun richte den Strahl einer Taschenlampe schräg von unten auf eines deiner Augen. Beobachte wie sich die Pupille verändert, wenn das Licht sie trifft. Versuche das Gleiche auch einmal bei einem Freund.

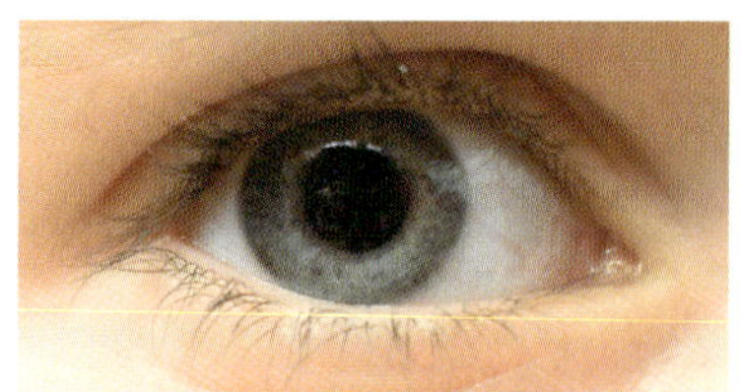

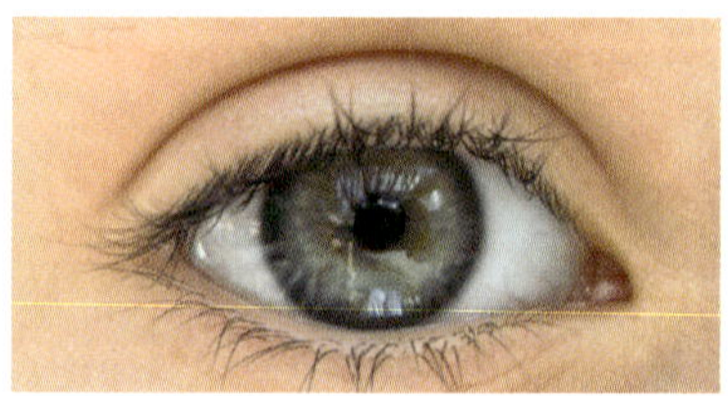

Wo sind die Farben?

1 Gelingt es dir, im Halbdunkel bunte Spielfiguren nach ihren Farben zu sortieren?
Mische dazu die Spielfiguren im abgedunkelten Raum und breite sie vor dir auf dem Tisch aus. Nun versuchst du, sie nach Farben zu ordnen und zusammenzustellen.

2 Wenn dir das ganz leicht fällt und du keinen einzigen Fehler gemacht hast, verdunkle das Licht noch stärker und versuch es noch einmal. Immer noch alles richtig? Wahrscheinlich nicht. Nun lass einen Freund die gleiche Aufgabe lösen.

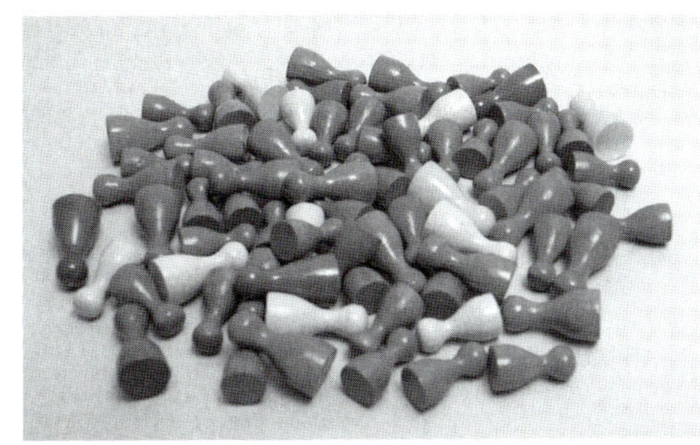

Das brauchst du:

30–40 Spielfiguren in verschiedenen Farben
Raum, der sich gut verdunkeln lässt.
Lampe mit Dimmer

Vorbereitung:

Beleuchte den Raum so, dass du gerade noch die Gegenstände erkennen kannst.

Was geschieht hier?

Unsere Augen können Farben nur dann wahrnehmen, wenn es ausreichend hell ist. Bei Mondschein und im Dämmerlicht sind wir farbenblind.

Sind Hunde farbenblind?

Lange Zeit glaubte man, Hunde könnten überhaupt keine Farben sehen. Jetzt weiß man, dass ein Hund die Farben etwa so sieht, wie ein Mensch, der rot-grün-blind ist. Hundeaugen haben farbempfindliche Sinneszellen für Blau-Violett und für Gelb. Blautöne können sie deshalb gut unterscheiden. Grün erscheint ihnen eher farblos, Rottöne sehen sie gelb.

So sieht ein Mensch.

So sieht ein Hund.

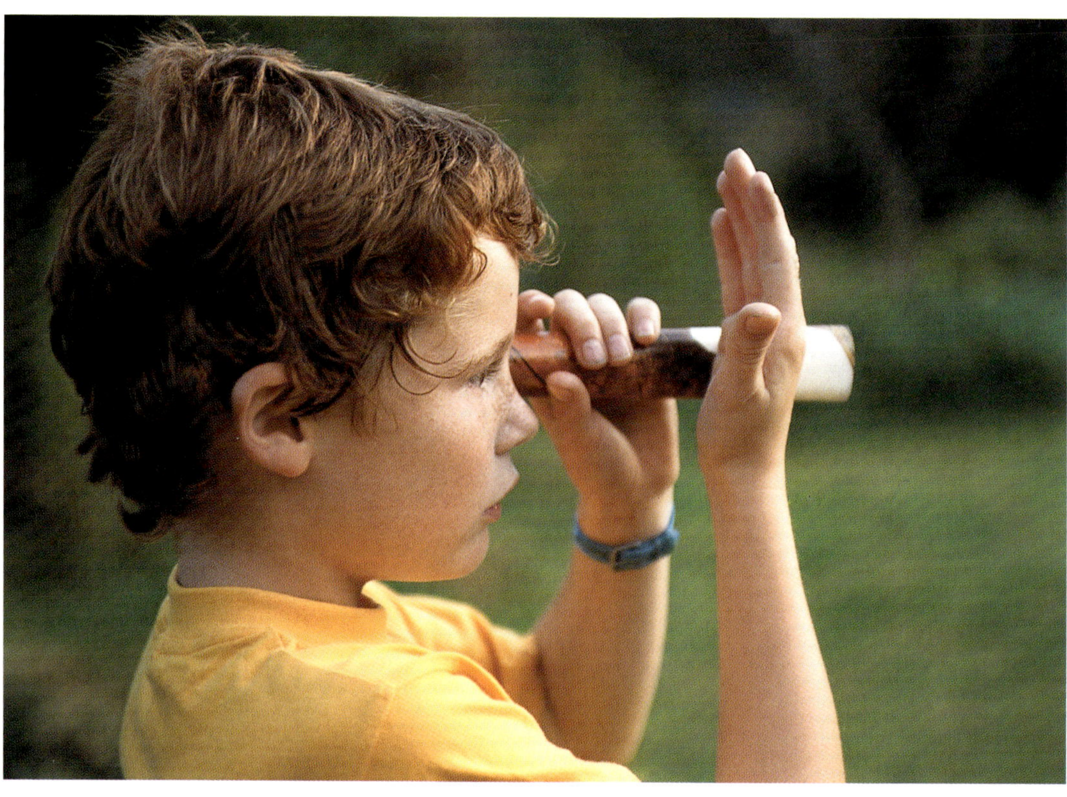

Zwei Augen sehen mehr als eines. Das hat viele Vorteile, manchmal aber auch ganz verblüffende Folgen.

Das brauchst du:

*Blatt Papier
(ca. 20 x 30 cm)
2 Bunt- oder Bleistifte*

Was geschieht hier?

Mit unseren beiden Augen sehen wir nie genau dasselbe. Erst unser Gehirn fügt die beiden Bilder zu einem einzigen zusammen. So kommt es, dass deine Hand und das Loch in der Röhre zu einem einzigen Bild verschmelzen. Wenn wir nur mit einem Auge sehen, erscheint uns alles flach wie auf einer Postkarte. Es fällt uns schwer, Entfernungen genau abzuschätzen und z. B. eine Nadel einzufädeln.

Loch in der Hand?

Du biegst ein Blatt Papier zu einer Rolle. Halte die Rolle vor das eine Auge, eine Hand vor das andere Auge und dabei sehr dicht an die Rolle. Schau mit dem einen Auge durch die Rolle, mit dem anderen auf die Hand. Siehst du das Loch in deiner Hand?

Spitzentreffen

Nimm in jede Hand einen Stift. Kneif ein Auge zu und strecke deine Arme aus. Bewege nun die Spitzen aufeinander zu, sodass sie sich berühren. Schaffst du das auf Anhieb?

14

Wo ist der Wurm geblieben?

Sieh dir das Bild mit dem Apfel und dem Wurm aus etwa 20–30 cm Abstand an. Halte dein linkes Auge zu. Schau mit dem rechten Auge fest auf den Apfel, sodass du den Wurm im Augenwinkel siehst. Verändere den Abstand etwas und bewege auch den Kopf leicht vor und zurück. Es gibt eine Stelle, bei der du den Wurm einfach nicht mehr siehst. Mit etwas Übung wirst du sie bestimmt finden.

Der blinde Fleck

Schließe dein rechtes Auge. Mit dem linken Auge schaust du auf die Zahl 1. Jetzt solltest du aus dem Augenwinkel links das kleine Gesicht (oder beim unteren Bild die Lücke in der blauen Linie) sehen. Wandere mit deinem Blick zu den nächsten Zahlen. Etwa zwischen 4 und 7 verschwindet das Gesicht und die blaue Linie erscheint ohne Lücke.

9 8 7 6 5 4 3 2 1

9 8 7 6 5 4 3 2 1

Was geschieht hier?

Im Auge gibt es eine Stelle, mit der wir nicht sehen können. Sie wird deshalb blinder Fleck genannt. Normalerweise bemerken wir den blinden Fleck gar nicht, weil unser Gehirn und unser Auge das Bild vervollständigen.

Warum der blinde Fleck nichts sieht

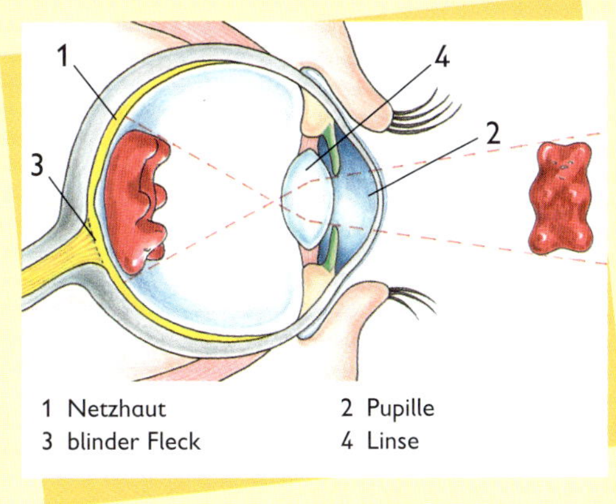

1 Netzhaut
3 blinder Fleck
2 Pupille
4 Linse

Das Auge ist wie eine Kamera aufgebaut. Vorn ist eine Linse und wo in der Kamera der Film ist, liegt beim Auge die so genannte Netzhaut mit vielen licht- und farbempfindlichen Zellen. Über die Sehnerven werden die Lichtreize zum Gehirn geleitet. Wo die Nerven die Netzhaut verlassen, liegt der blinde Fleck.

Das brauchst du:

lange, dicke Trinkhalme
Schere
Klebestreifen

Vorbereitung:

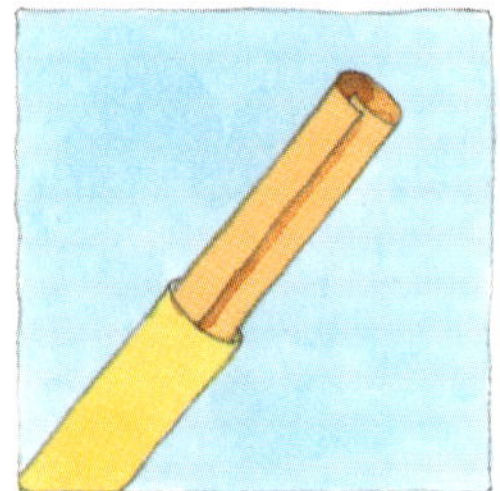

1. Schneide ein Stück Trinkhalm (20 cm) der Länge nach auf. Drücke es ein wenig zusammen und schiebe es in ein gleich langes zweites Trinkhalmstück.

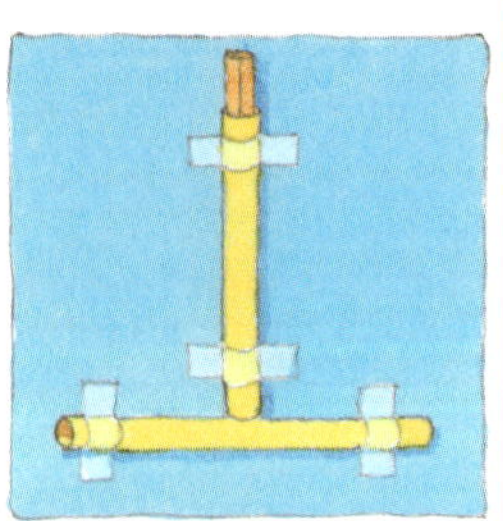

2. Befestige ein Stück Trinkhalm (etwa 25 cm) mit Klebstreifen auf einem Stück Pappe. Klebe den Halm mit dem eingesetzten Stück so dazu, dass das Ganze wie ein umgedrehtes T aussieht. Das eingesetzte Stück muss sich leicht hineinschieben und herausziehen lassen.

Sind beide Trinkhalme gleich lang? Manchmal stellt sich erst beim Nachmessen heraus, wie sehr man sich getäuscht hat.

Lass dich nicht täuschen!

Zuerst schiebst du den beweglichen Teil des senkrechten Halmes zur Hälfte in den festen Teil. Der senkrechte Halm sollte jetzt deutlich kürzer sein als der waagerechte. Dann holst du einen Freund dazu und zeigst ihm, wie man den Halm verkürzen und verlängern kann.

Nun fordere deinen Freund auf, den senkrechten Halm so zu verändern, dass beide Halme genau gleich lang sind. Wenn er so weit ist, wird nachgemessen. Du kannst sicher sein, dass er sich verschätzt hat: Der Halm ist zu kurz.

Wirklich gleich lang?

Auch bei diesem Versuch lässt sich einer der Trinkhalme in der Länge verstellen. Bitte einen Freund, den unteren, waagerechten Halm an beiden Seiten so zu verändern, dass er genau so lang ist wie der obere. Sehr wahrscheinlich werdet ihr beim Nachmessen feststellen, dass er den Halm viel zu lang gemacht hat.

Größer oder kleiner?

Welcher der beiden roten Kreise ist größer? Miss nach!

Man glaubt es nicht, aber beide Kreise sind tatsächlich gleich groß.

Gerade oder schief?

Krumm und schief wirkt die Mauer aus schwarzen und weißen Blöcken.

Tatsächlich sind sie aber in exakt parallelen Reihen angeordnet.

Vorbereitung:

Befestige die Halme so wie auf dem Foto. Beim unteren, waagerechten Halm musst du rechts und links bewegliche Stücke einsetzen (wie auf S. 16).

Was geschieht hier?

Fast alle Menschen irren sich bei solchen Versuchen: Ein stehender Zaunpfahl erscheint uns länger als ein liegender. Ist ein Kreis von kleinen Kreisen umgeben, wirkt er größer.

Es sind aber nicht die Augen, die uns täuschen, sondern unser Gehirn. Dort nämlich werden alle Eindrücke erst verarbeitet. Das Gehirn vergleicht sie mit früheren Eindrücken, ergänzt unvollständige Bilder oder verändert sie so, dass sie mit unseren Erwartungen und Erfahrungen übereinstimmen. Das merken wir aber nur dann, wenn es sich einmal irrt.

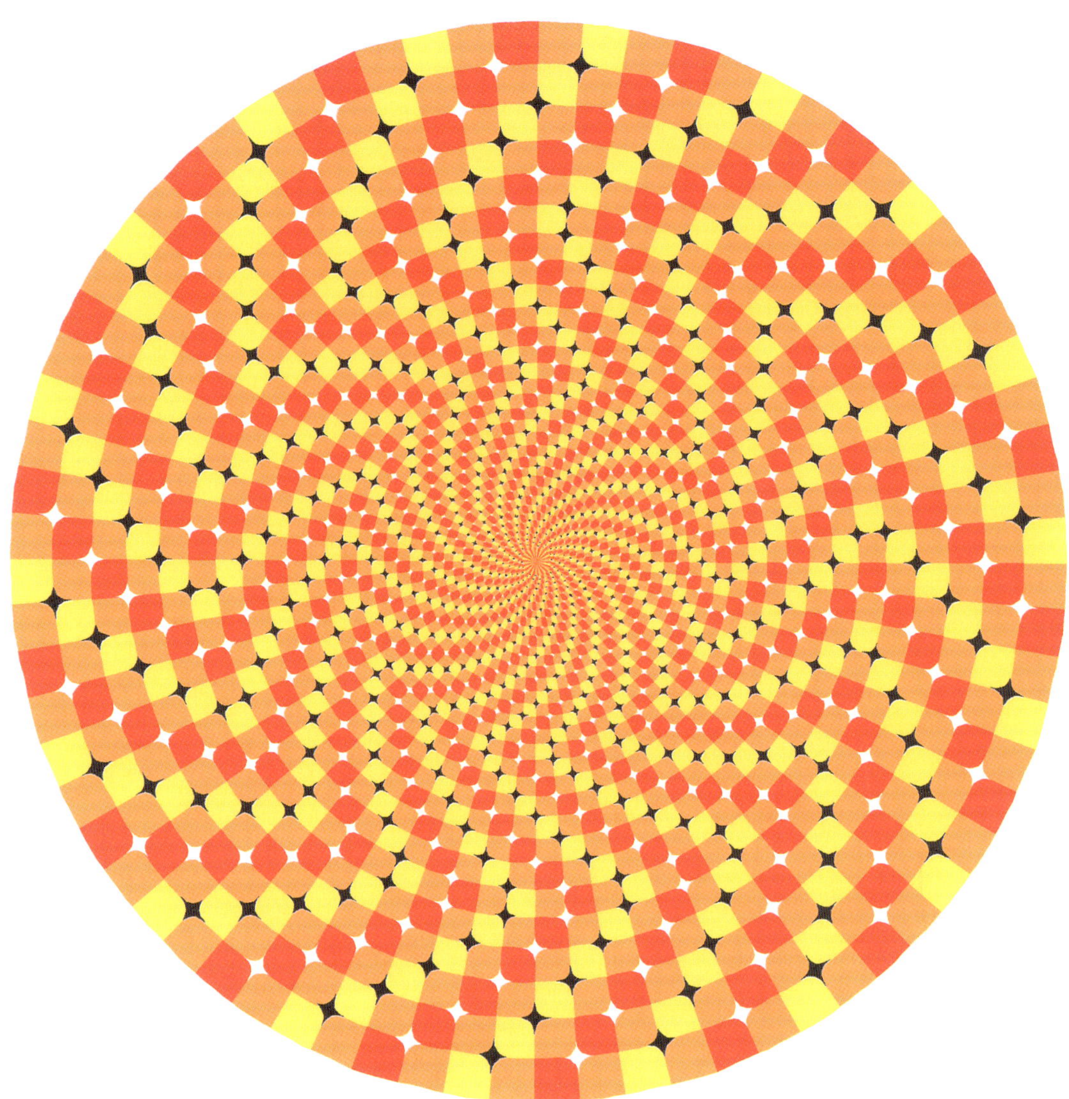

Was geschieht hier?

Wie es kommt, dass manche Bilder zu flimmern anfangen oder sich zu bewegen scheinen, ist noch nicht endgültig erforscht. Man weiß nur, dass bestimmte Farbkombinationen die Effekte verstärken und dass sie vor allem bei Spiralen und Kreisen auftreten.

Zauberei? Eine Zeichnung gerät in Bewegung, ein Farbton erscheint uns wie zwei, und zwei Bilder verschmelzen zu einem.

Da dreht sich etwas

Sieh dir das Bild aus einer Entfernung von etwa 50 cm an. Warte einen Moment. Bewege deinen Kopf langsam auf das Bild zu und dann wieder zurück. Was passiert? Bei den meisten Menschen fangen die farbigen Punkte an zu tanzen. Sie scheinen sich langsam oder schnell im Kreis zu drehen. Probiere aus:

Ist der Effekt stärker, wenn du nicht den Kopf, sondern das Bild hin und her bewegst? Nicht jeder Betrachter sieht das Gleiche. Frage deine Freunde, was sie sehen. Der japanische Künstler Akiyoshi Kitaoka hat viele solcher Bilder gemalt. Bei einigen kann einem richtig schwindlig werden.

Alles gleich grau?

Lege einen Bleistift quer über den grauen Ring, und zwar da, wo die grüne und die violette Fläche aneinander stoßen. Frage einen Freund, ob der Ring auf beiden Seiten die gleiche Farbe hat. Wahrscheinlich wird er links und rechts einen Unterschied feststellen. Jetzt nimm den Bleistift weg und er kann sich überzeugen, dass der Ring überall die gleiche Farbe hat.

Häschen im Hut

Sobald du die Bildchen am Stab befestigst hast, kann es losgehen. Nimm den Stab zwischen beide Handflächen und reibe sie hin und her. Du kannst den Stab auch zwischen Daumen und Zeigefinger wirbeln lassen. Wenn du schnell genug drehst, siehst du mit einem Mal den Hasen im Hut, so als wäre es nur ein Bild. Du kannst das Gleiche natürlich auch mit anderen Zeichnungen machen: Blumen in der Vase, Fische im Aquarium, ein Vogel im Käfig. Du musst nur darauf achten, dass Vorder- und Rückseite richtig zusammenpassen. Am besten kannst du das überprüfen, wenn du vor dem Zusammenkleben beide Bilder übereinander legst und gegen das Licht hältst.

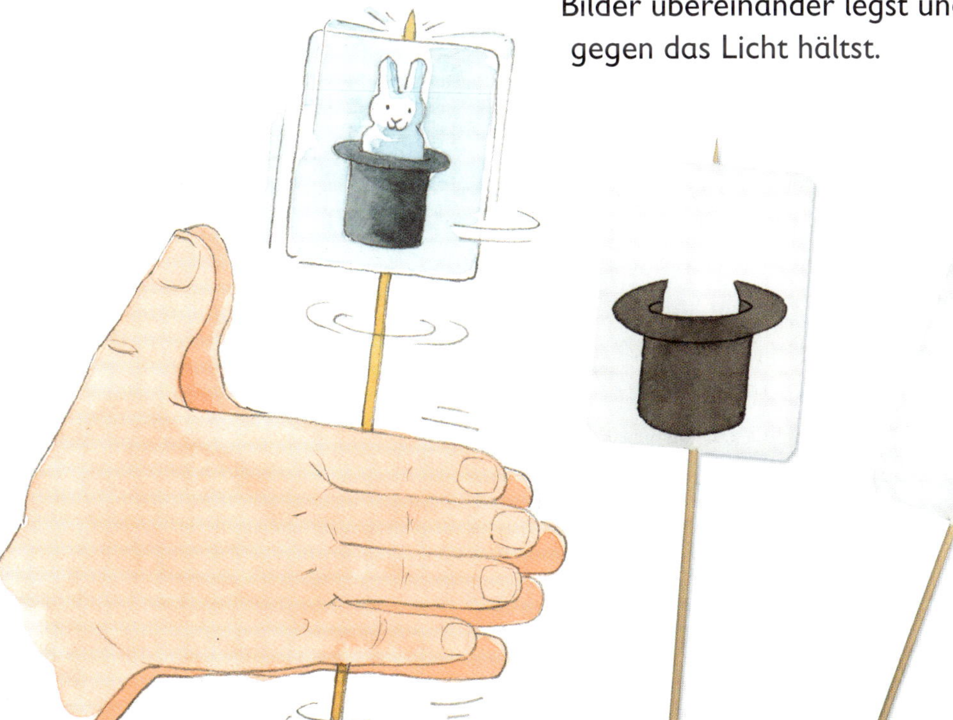

Was geschieht hier?

Alles, was wir mit den Augen wahrnehmen, wird im Gehirn verarbeitet. Um neuen Eindrücken einen Sinn zu geben, vergleicht das Gehirn sie mit Bildern, die es schon gespeichert hat. Nun erinnert sich jeder aber an andere Bilder und außerdem hat jeder Mensch auch noch seine ganz eigene Fantasie. Kein Wunder also, dass man nie genau weiß, was ein anderer sieht.

Wenn du dir etwas anschaust, kannst du nie ganz sicher sein, ob ein anderer genau das Gleiche sieht wie du.

Ich sehe was und was siehst du?

Schau dir mit einem Freund eine Wolke am Himmel an. Erzählt euch, was das sein könnte. Ein Tier, ein Gesicht, ein Schiff? Sieh das Bild unten links an: Was siehst du zuerst in der Mitte – eine Zahl oder einen Buchstaben? Was siehst du auf dem Bild unten rechts: Eine Vase oder zwei Gesichter, die sich anschauen?

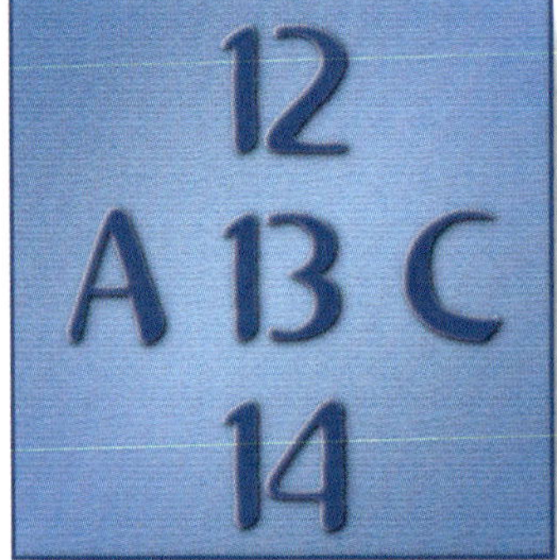

Überraschungsbilder

Bei diesen Bildern kommt es anders, als man denkt. Sie stecken voller Überraschungseffekte.
Nimm ein Blatt Papier und falte eine Seite zur Mitte. Über die eingeklappte Kante zeichnest du ein Bildchen. Wieder aufklappen – jetzt fehlt eine Hälfte der Zeichnung.

Vervollständige das Bild wieder – aber so, dass etwas darauf zu sehen ist, das niemand erwartet.
Überrasche nun mit dem Klappbild deine Freunde.

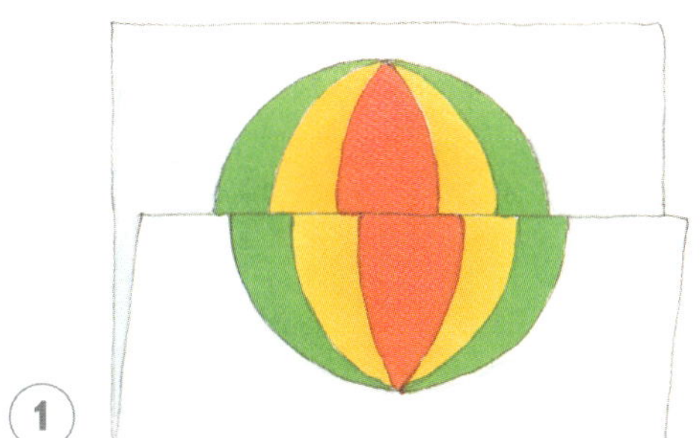

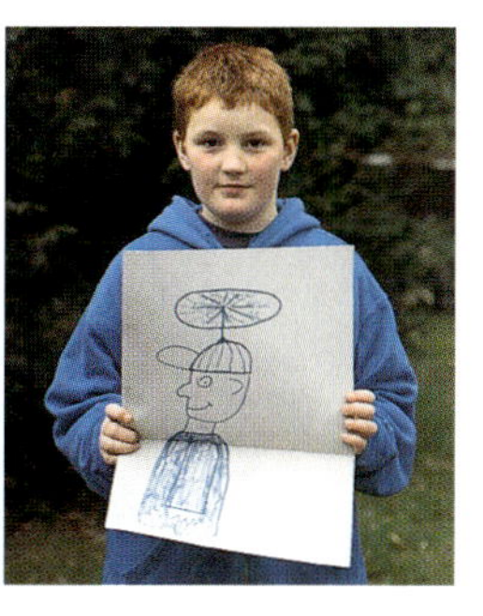

Wie viele Beine hat dieser Elefant?

Zähle die Beine dieses Elefanten. Da stimmt doch etwas nicht.

Der Trick ist, dass der Zeichner unten in die Zwischenräume zwischen den vier richtigen Beinen Elefantenhufe gemalt hat. Deshalb kommt man beim Zählen durcheinander.

Teste deinen Farbensinn

Viele Menschen sind farbenblind und merken es nicht. Die meisten von ihnen haben eine so genannte Rot-Grün-Schwäche. Das bedeutet, es fällt ihnen schwer, Rot und Grün zu unterscheiden. Wie gut dein Farbensinn ist, kann nur der Augenarzt feststellen. Er benutzt dazu solche Testbilder, wie du sie unten siehst. Wenn du auf beiden Bildern nur farbige Punkte erkennst, kann es sein, dass du eine Farbenschwäche hast. Sonst würdest du eine Blume und einen Vogel sehen.

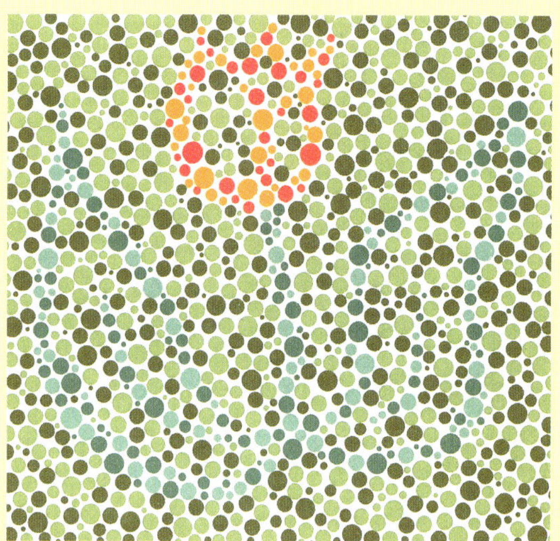
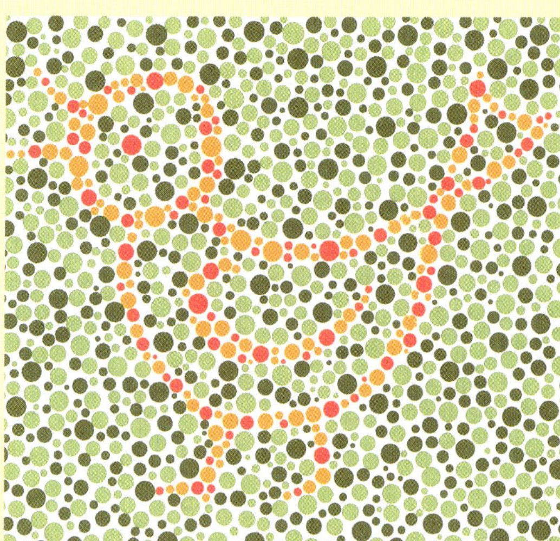

Bist du rechts- oder linksäugig?

So wie es Rechts- und Linkshänder gibt, so gibt es rechts- und linksäugige Menschen. Auch beim Sehen bevorzugen wir nämlich eine Seite. So testest du, welche das bei dir ist: Halte mit ausgestrecktem Arm einen Stift in Augenhöhe. Sieh auf seine Spitze und merk dir einen Punkt, der genau dahinter liegt, z. B. einen Baum, eine Zimmerecke. Schließe das rechte Auge. Macht der Stift nun scheinbar einen Sprung nach rechts, bist du Rechtsäuger. Bei linksäugigen Menschen springt er nach links, wenn sie das linke Auge schließen.

Hören

Die Welt ist voller Klänge. Du kannst sie aufspüren, nachahmen oder mit einem Kassettenrekorder festhalten.

Mit dem Mikrofon auf Geräusche-Jagd

Das brauchst du:

Kassettenrekorder mit Mikrofon

Zur Geräusche-Jagd nimmst du am besten einen Kassettenrecorder, an den man ein extra Mikrofon anschließen kann. Achte darauf, dass du mit dem Mikrofon möglichst nah an die Geräuschquellen herankommst.

Vielleicht notierst du dir vor deiner ersten Jagd ein paar Ideen: Türklingel, Auto starten, Baustelle, Supermarkt, Schritte auf dem Kiesweg, Treppen steigen, Reißverschluss, Klospülung, Limo einschenken. Spiele dann deinen Freunden und Freundinnen die aufgenommenen Geräusche vor. Erraten sie alles? Können sie heraushören, wo du etwas aufgenommen hast?

Echt oder nachgemacht?

Einige Geräusche lassen sich so gut nachahmen, dass man sie vom Original nicht unterscheiden kann. Wenn du in einem Film das Klappern von Pferdehufen hörst, sind das in Wirklichkeit meist zwei Kokosnuss-Schalen, die jemand rhythmisch aneinander schlägt.

Hier noch weitere Tipps für dein nächstes Hörspiel.

Regenprasseln: Reis oder Erbsen auf ein Blech, Papier oder Folie rieseln lassen.

Wind und Sturm: Den Mund spitzen wie beim Pfeifen und gegen ein Stück Papier blasen.

Flügelschlag eines Vogels: Mit Lederhandschuhen rasch hin und her wedeln.

Feuerknistern: Zellophanfolie zusammenknüllen.

Schritte im Schnee: Ein mit Mehl gefülltes Stoffsäckchen rhythmisch zusammendrücken.

Tu's nicht!

Fast jeder fällt auf diesen Trick herein. Du nimmst einen Geldschein oder ein anderes wichtiges Papier und hältst es mit der Kante zwischen Daumen und Zeigefinger beider Hände vor deinen Mund. Mit der rechten Hand machst du nun eine rasche Bewegung nach unten, als würdest du das Blatt zerreißen. Gleichzeitig machst du mit dem Mund mit viel Luft: „Pfffffffffffft". Das Reißen klingt so echt, dass alle Zuschauer sich wundern, wieso das Papier ganz geblieben ist.

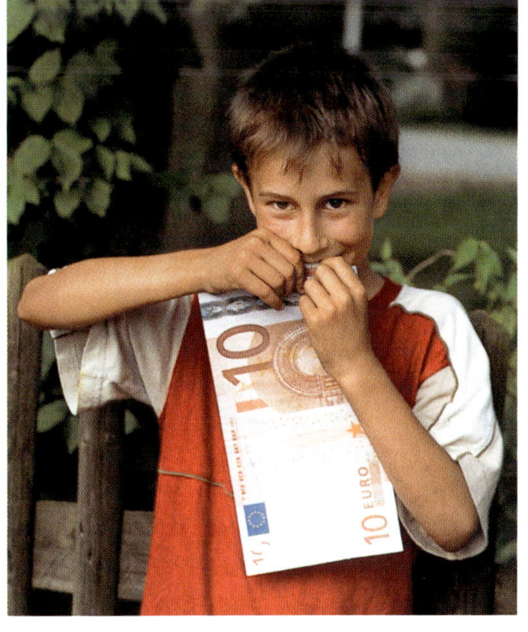

Das brauchst du:

Kassettenrekorder mit Mikrofon
Kokosnuss-Schalen
Zellophanfolie (Geschenk-/Blumenbedarf)
Erbsen oder Reis
mit Mehl gefülltes Säckchen
Lederhandschuhe

Was geschieht hier?

Wenn wir sehen, wie ein Geräusch erzeugt wird, lassen wir uns nicht täuschen. Kommt es dagegen vom Band, sind wir leichter in die Irre zu führen. Es kann nämlich sein, dass das Geräusch eher unserer Vorstellung entspricht als das Original. Leicht täuschen lassen wir uns auch, wenn wir bestimmte Erwartungen haben. Siehst du im Film ein Lagerfeuer, kommst du garantiert nicht auf die Idee, dass jemand das Knistern mit Papier erzeugt hat.

Das brauchst du:

*großen Plastikbecher
dicken Plastikschlauch
großen Luftballon
feinen Sand*

Vorbereitung:

Lass dir beim Basteln helfen. Zuerst schneidest du ein Loch für den Schlauch in den Becher, am besten mit einem scharfen Bastelmesser: mit Filzstift vorzeichnen, ein Loch in den Rand stechen und einschneiden.

Was geschieht hier?

Deine Stimme versetzt die Luft im Schlauch in Schwingungen. Diese Schwingungen übertragen sich auf die Luftballonhaut und lassen dort die Sandkörner tanzen. Dabei ordnet sich der Sand zu Klangfiguren: einfache, grobe Ringe bei tiefen Tönen, zarte Muster bei hohen Klängen.

Einen Ton kann man normalerweise nicht sehen. Mit diesen Ideen kannst du einzelne Töne aber sichtbar machen.

Schallwellen im Sand

1 Stecke den Schlauch in das vorbereitete Loch und befestige ihn mit Klebeband.

2 Schneide vom Luftballon das untere Drittel (mit dem Mundstück) ab und spanne ihn dann über die Öffnung des Bechers. Lass dir dabei helfen.

3 Zum Schluss streust du obenauf mit einem Sieb ein wenig feinen Sand.

Damit die Töne sichtbar werden, musst du kräftig in den Schlauch singen. Deine Hände hältst du wie einen Trichter um den Schlauch. Probiere so lange, bis der Sand anfängt zu tanzen. Sing: „Ah, Eh, Ih, Oh, Uh" in verschiedenen Tonhöhen. Am Ende ist ein Muster im Sand entstanden.

Malen nach Musik

Musik malen kann jeder. Wähle verschiedene Lieblingsmusikstücke aus – langsame, schnelle, fröhliche oder traurige. Konzentriere dich ganz auf die Musik. Vielleicht schließt du sogar die Augen. Dein Stift fährt über das Blatt wie ein Schlittschuhläufer über das Eis. Male keine Gegenstände, sondern lass dich nur von der Musik führen.

Was geschieht hier?

Beim Musikmalen werden Klänge und Rhythmen in Bewegungen umgesetzt. Man könnte sagen, die Hand tanzt auf dem Papier und hinterlässt dabei Spuren.

Was tut sich im Ohr?

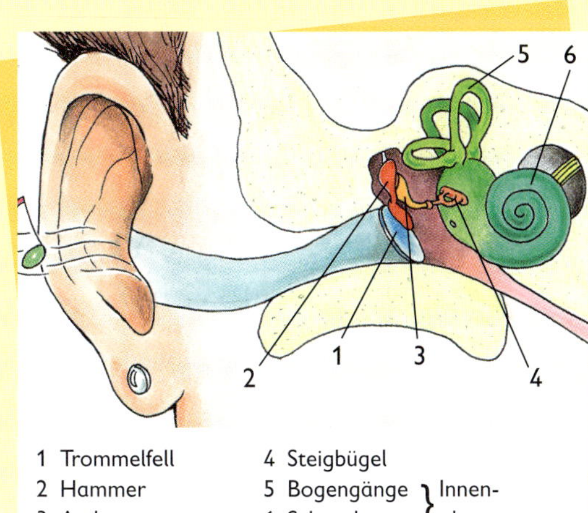

1 Trommelfell	4 Steigbügel	
2 Hammer	5 Bogengänge	} Innen-
3 Amboss	6 Schnecke	} ohr

Alle Geräusche um uns herum gelangen als Schallwellen zu unseren Ohren. Schallwellen sind feine Luftschwingungen. Sie werden von den Ohrmuscheln aufgefangen und zum Trommelfell weitergeleitet. Je nach Höhe und Lautstärke der Töne beginnt das Trommelfell zu schwingen. Es ist über drei winzige Knochen mit dem Innenohr verbunden. Dort werden die Schwingungen in den Gängen der Schnecke zu Nervenimpulsen verarbeitet und zum Gehirn weitergeleitet.

Das brauchst du:

10–20 Filmdöschen mit Deckel
„Raschel-Materialien"
(z. B. Sand, Mais-
körner, Büroklam-
mern, Schrauben,
Erbsen, Murmeln,
Holzperlen, Wasser,
Streichhölzer)

Mit deinen Ohren kannst du sehr feine Unterschiede hören.
Aber nicht immer kannst du dich auf deine Ohren verlassen.

Dosen im Gleichklang

Was geschieht hier?

Fülle in je zwei
Döschen die gleichen
Dinge und verschließe
sie.
Die Döschen sollten
höchstens zu einem
Drittel gefüllt sein.
Dann kann man den
Inhalt besser hören.

Fülle alle Döschen mit unterschiedlichen Materialien und verschließe sie. Bitte einen Freund, sie vor dir aufzubauen.

Deine erste Aufgabe ist es, herauszuhören, welche beiden Döschen den gleichen Inhalt haben und sie zu Paaren zu ordnen.

Die zweite Aufgabe: Diesmal spielt ihr wie beim Memory-Spiel. Abwechselnd nimmt jeder zwei Döschen auf. Passen sie zusammen, darf er sie behalten. Wenn nicht, stellt er sie zurück.

Dritte Aufgabe: Diesmal sollst du sagen, womit die Döschen gefüllt sind. Das fällt natürlich leichter, wenn du sehen kannst, was alles in Frage kommt.

Zeig mir, wer da spricht

Das kennst du bestimmt vom Kaspertheater: Du weißt zwar genau, dass die Handpuppen nicht selber sprechen, sondern der Puppenspieler hinter der Bühne. Trotzdem denkst du, Kasper und Grete redeten mit ihren eigenen Stimmen.

Versuche einmal Folgendes: Nimm in jede Hand eine Puppe mit beweglichem Mund. Tu so, als würden sie sich unterhalten, indem du abwechselnd die Münder bewegst und etwas dazu sagst. (Die Zuschauer dürfen deinen Mund dabei nicht sehen.) Bitte einen Zuschauer, jeweils die Richtung anzuzeigen, aus der er die Stimmen hört. Wahrscheinlich wird er abwechselnd auf die Puppen zeigen. Nun bitte ihn, die Augen zu schließen und wieder zu zeigen, woher die Stimmen kommen. Diesmal wird er auf die Mitte der Bühne zeigen, dahin also, wo du stehst.

Das doppelte Radio

Mit einem Kofferradio kannst du mit einem Freund ein interessantes Experiment machen. Außer dem Kofferradio brauchst du noch ein zweites verborgenes Radio, das kann ruhig fest eingebaut sein. Stell das Kofferradio gut sichtbar auf einen Tisch, schalte es aber nicht ein, dafür jedoch das verborgene. Du stehst mit deinem Freund in einiger Entfernung von beiden Geräten und sagst:

„Mach doch mal das Radio leiser." Zu welchem Radio wird er gehen? Zu dem, das er sieht, aber nicht hört, oder zu dem, das er hört, aber nicht sieht?

Was geschieht hier?

Wenn Augen und Ohren gleichzeitig Signale empfangen, die eigentlich nicht zueinander passen, trauen wir fast immer unseren Augen mehr. Damit beide Eindrücke zueinander passen, bilden wir uns ein, die Musik käme aus der Richtung, in der wir das Radio sehen.

Das brauchst du:

2 Radios

Das brauchst du:

verschiedene kleine Instrumente (z. B. Rasseln, Glocken, Flöten, Trommel, Glockenspiel)
3 – 6 Mitspieler

Auch mit verbundenen Augen können wir meist ziemlich genau sagen, woher ein Geräusch kommt.

Da hör ich es rasseln

Was geschieht hier?

Weshalb kannst du mit beiden Ohren leichter bestimmen, woher ein Geräusch kommt, als mit nur einem? Stell dir vor, ein Geräusch kommt von rechts. Dann trifft sein Schall zuerst auf dein rechtes Ohr und wenig später erst auf das linke. Diesen minimalen Unterschied nimmt dein Gehirn wahr und zieht seine Schlüsse daraus.

Einem der Mitspieler werden die Augen verbunden. Die anderen stellen sich im Kreis um ihn auf. Jeder hält ein Instrument bereit. Mit Zeichen verständigt ihr euch, wer als Erster spielen soll. Sobald ein Ton oder Geräusch erklingt, muss der

Spieler in der Mitte die Richtung anzeigen, aus der das Geräusch seiner Meinung nach kommt. Meist gelingt ihm das recht gut. Was passiert aber, wenn er sich ein Ohr zuhält? Ihr werdet staunen, wie oft er sich jetzt irrt!

Der Schall im Schlauch

Dieser Versuch zeigt dir, wie feinfühlig unsere Ohren sind und wie sie selbst äußerst geringe Unterschiede wahrnehmen können.

Halte die Schlauchenden so an deine Ohren, wie du es auf dem Bild siehst. Jetzt schließe die Augen und bitte deinen Mitspieler an verschiedenen Stellen gegen den Schlauch zu klopfen. Hörst du, von welcher Seite das Klopfen kommt?

Nur an einer Stelle lässt sich schlecht entscheiden, wo dein Partner an den Schlauch klopft. Dann nämlich, wenn dein Mitspieler genau auf die Mitte des Schlauches schlägt.

Wenn du deine Ohren ausgiebig erprobt hast, tauscht ihr die Rollen.

Auf welchem Ohr hörst du besser?

Links oder rechts?

Kleiner Fuchs mit großen Ohren

Der Fennek ist ein kleiner Fuchs mit auffällig langen Ohren. Da er vorwiegend in den Wüsten Nordafrikas lebt, wird er auch Wüstenfuchs genannt. Die Riesenohren dienen dem Fennek als Schalltrichter. Wenn nachts eine Maus im Sand raschelt, kann er das noch aus einer Entfernung von 1,5 km hören. Die übergroßen Ohren haben noch eine andere Aufgabe: Sie dienen wie beim Elefanten zur Kühlung in der Sonnenglut. Über die Oberfläche seiner Ohren führt der Wüstenfuchs unnötige Körperwärme ab.

Das brauchst du:

mind. 4 Mitspieler und gute Ohren

Was geschieht hier?

Gute Ohren sind nicht alles bei diesem Spiel. Die herausgehörten Laute ergeben erst dann einen Sinn, wenn unser Gehirn sie als Teile eines sinnvollen Wortes wieder erkennt.

Um zu verstehen, was jemand sagt, müssen Ohren und Gehirn perfekt zusammenarbeiten.

To Ma Ten Sa Lat

Bei diesem „Was-hörst-du-Spiel" ist ein Spieler der Hörer, die anderen sind die Sprecher. Die Sprecher einigen sich heimlich auf ein Wort mit möglichst vielen Silben, wie zum Beispiel „Tomatensalat". Jeder Sprecher bekommt eine Silbe des Wortes zugeteilt, die er nun ununterbrochen laut wiederholt. Der Hörer geht von Sprecher zu Sprecher und versucht die einzelnen Silben herauszuhören und zu einem sinnvollen Wort zusammenzusetzen.

Kannst du von den Lippen lesen?

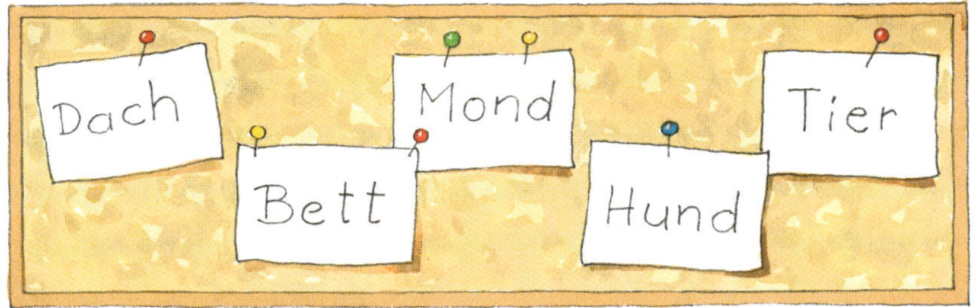

Auf jedem der fünf Bilder sagt der Junge ein anderes der Wörter oben. Lies die Wörter laut und vergleiche mit den Fotos. Kannst du erkennen, welches Wort er jeweils spricht?

Stumme Botschaft

Schalte bei den Fernsehnachrichten einmal den Ton ab. Versuche, das Gesagte trotzdem zu verstehen, indem du die Worte von den Lippen der Sprecher abliest. Das wird dir bestimmt nicht gelingen. Aber Lippenlesen kann man lernen. Viele schwerhörige und gehörlose Menschen sind darin Meister. Einige Laute lassen sich leicht erkennen: M, L, O – andere so gut wie gar nicht unterscheiden: G, K, R. Im Zweifelsfall muss der Lippenleser blitzschnell prüfen, welches Wort am besten zum Sinn passt, Garten oder Karten, Gabel oder Kabel? Wie gut du im Lippenlesen bist, kannst du mit einem Freund ausprobieren: Stellt euch so auf, dass ihr euch durch eine Glasscheibe sehen, aber nicht hören könnt. Einer sagt nun den Namen eines Wochentags. Der andere muss raten. Ihr könnt auch Monatsbezeichnungen oder die Namen eurer Klassenkameraden raten.

Das brauchst du:

Stab
Dinge mit Borsten,
Rillen, Zähnchen
oder einer rauen
Oberfläche
(z. B. Bürsten, Siebe,
Reiben, Sandpapier).
Probiere aus, was
alles ein Geräusch
macht, wenn man
mit einem Stab
darüber streicht.

Wie gut du dich auf deine Ohren verlassen kannst, findest du am besten heraus, wenn du die Augen schließt.

Die Augen zu - die Ohren gespitzt

Halte deine Augen fest geschlossen und bitte einen Freund, einen von den bereitstehenden Gegenständen zu nehmen. Lass ihn mit einem Stab über seine Oberfläche streichen. Hör genau hin: Hast du erkannt, was es war? Ein Sieb, eine Bürste, ein Kamm?

Einfacher ist es, wenn du deinen Tastsinn zu Hilfe nehmen darfst: Dein Freund stellt drei bis fünf Dinge vor dir auf. Du darfst sie mit deinen Händen gründlich untersuchen. Eines davon nimmt dein Freund nun, streicht mit dem Stab darüber, und stellt es wieder zurück. Kannst du ertasten, welches Ding es war?

Beißen und Raten

Diesmal geht es darum, mit geschlossenen Augen herauszuhören, was ein Mitspieler isst. Beißt er in einen Apfel, klingt das anders, als wenn er einen Pfirsich isst, Nüsse machen beim Kauen ein anderes Geräusch als Kekse. Das Raten fällt natürlich leichter, wenn man vorher schon einmal gesehen hat, welche essbaren Dinge überhaupt zur Auswahl stehen.

Was geschieht hier?

Deine Augen liefern dir ständig wichtige Informationen über das, was in deiner Umgebung geschieht. Wenn du sie schließt, müssen andere Sinne ihre Aufgaben übernehmen. Blinde Menschen schulen und verfeinern deshalb ihren Tast- und Gehörsinn, bis sie mit Händen und Ohren „sehen" können.

Krachmacher mit guten Ohren

Igel schlafen tagsüber und wachen auf, wenn es dunkel wird. Wie die meisten Tiere, die nachts aktiv sind, können sie nicht besonders gut sehen, dafür umso besser riechen und hören. Ein Igel hört eine Raupe aus 2 m Entfernung an einem Blatt nagen. Auf Zungenschnalzen, Lichtschalter anknipsen, Fotoapparate und Feuerzeuge reagieren Igel sehr empfindlich.

Von solchen Geräuschen bekommen sie Ohrenschmerzen. Sie selbst sind allerdings keineswegs besonders leise. Da sie keine anderen Tiere fürchten müssen, husten, schmatzen und rascheln sie nachts nach Herzenslust.

Mit diesem Test kannst du prüfen, wie gut du zwischen ähnlichen Geräuschen unterscheiden kannst.

Schütteltest für gute Ohren

Das brauchst du:

*7 leere Filmdöschen
  mit Deckel
28 Maiskörner*

Vorbereitung

Fülle die Körner in die Döschen: in das erste Döschen ein Korn, in das zweite zwei usw. und in das letzte sieben Körner.

Bei einem richtigen Hörtest prüft der Ohrenarzt vor allem, ob du mit beiden Ohren gleich gut hörst, ob du auch leise gesprochene Wörter verstehst und ob du hohe und tiefe Töne gut hören kannst.

Test 1

Ordne die sieben Döschen mit Hilfe von Schütteln und Lauschen so an, dass sich im ersten ein Korn, im zweiten zwei Körner usw. und im siebten sieben Körner befinden. Du darfst jedes Döschen beliebig oft schütteln und neu sortieren. Öffne zum Schluss die Döschen und notiere die Anzahl der Treffer.

Test 2

Mische die Döschen. Nimm eines in die Hand, schüttle es und schätze, wie viel Körner darin sind. Prüfe gleich nach, ob du Recht hast. Dann nimm das nächste Döschen und verfahre genauso, bis du jede Filmdose geschätzt hast. Notiere die Zahl der Treffer.

Auswertung:

Zähle alle Punkte von Test 1 und 2 zusammen.

 **2–5 Punkte**

Das ist noch nicht ganz überzeugend. Versuch es noch einmal. Lass dir Zeit und schüttle nicht so heftig.

 **6–10 Punkte**

Schon ganz beachtlich. Dein Gehörsinn ist ziemlich gut ausgeprägt.

 **11–14 Punkte**

Spitze! Du kannst sehr gut feine Unterschiede heraushören.

Riechen &
Schmecken

Riechen und Schmecken gehören ganz eng zusammen und lösen ähnliche Gefühle aus.

Gerüche aus Bad und Küche

Schau dich mal bei euch im Badezimmer und in der Küche um – nicht nur mit den Augen, sondern auch mit der Nase. Wie viele verschiedene Gerüche kannst du aufspüren? Welchen Geruch magst du am liebsten? Welchen überhaupt nicht? Wonach riecht deine Zahnpasta?

Was gibt es alles in eurer Küche zu riechen? Welche Gewürze stehen im Regal? Kennst du sie alle? Wie riecht Mehl? Riecht Toastbrot anders als Vollkornbrot? Kann man Butter riechen? Oder Zucker? Oder Milch?

Magst du den Geruch von Zwiebeln? Es heißt: Über Geschmack lässt sich nicht streiten. Es gibt wahrscheinlich keine zwei Menschen, die in allem den gleichen Geschmack haben. Das ist sicher auch in deiner Familie so. Wie kommt es aber, dass der eine Zwiebeln mag, der andere nicht? Das weiß bis heute niemand ganz genau.

Wie das Riechen funktioniert

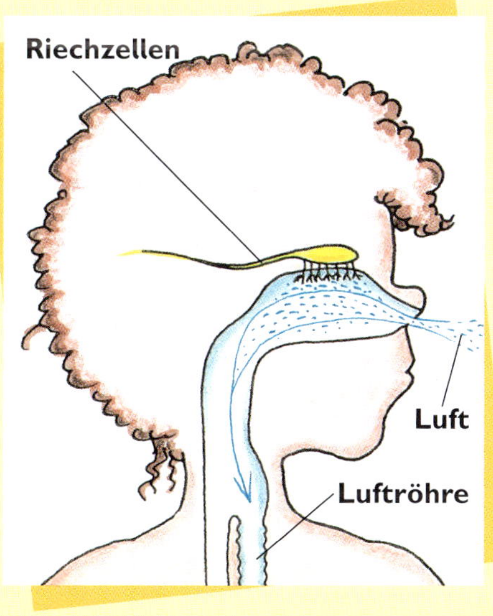

Mit der Atemluft gelangen die verschiedenen Duftstoffe in unsere Nase. Oben in der Nase auf der Riechschleimhaut sitzen etwa drei Millionen Riechzellen. Sie sind mit feinen Sinneshärchen ausgestattet. Jede Riechzelle ist nur für einen einzigen Duftstoff zuständig. Sobald dieser beim Einatmen an ihren Sinneshärchen vorbeizieht, melden diese das dem Gehirn. Auf diese Weise können wir etwa 10 000 verschiedene Gerüche wahrnehmen. Hunde erschnüffeln eine Million Gerüche.

Das brauchst du:

leere Filmdöschen
Watte
festes Papier
Gewürze, getrocknete
  Kräuter, Duftöle,
  Parfums, stark
  riechende Tees

Vorbereitung

Für jede Duftpumpe
brauchst du 2 Film-
döschen. In eins bohrst
du mit einem spitzen
Nagel 6–10 Löcher. In
das andere füllst du
ein wenig von einem
deiner Duftstoffe.
Wenn es sich um ein
feines Pulver handelt
(etwa Zimt), stopfe
vorsichtshalber etwas
Watte in das Döschen
mit den Löchern, damit
nichts herausrieselt.
Rolle ein Stück Papier
straff auf, sodass es
in die Döschen passt.
Setze deine Duft-
pumpe so zusammen,
wie du es auf dem Bild
siehst. Ein Döschen
wird an der Rolle fest-
geklebt, das andere
muss beweglich blei-
ben.

Hast du eine feine Nase? Hier kannst du ausprobieren,
wie gut du Gerüche unterscheiden kannst.

Duftpumpe

Die Duftpumpe ist leicht zu bedie-
nen: Du hältst sie dir unter die
Nase und schiebst das bewegliche
Döschen hin und her.
Was riechst du? Welche Duftstoffe
erkennst du auf Anhieb? Welche
erst, wenn du sie mit dem Original
vergleichen darfst?

Teste auch einen Freund.

Wer hat die feinere Nase?

Duftdomino

Das Duftdomino ähnelt dem normalen Domino. Der Unterschied ist: Man legt nicht zwei gleiche Zahlen aneinander sondern zwei gleiche Gerüche.

Dazu brauchst du eine gute Nase. Nimm jedes Stäbchen und teste seinen Geruch. Dann suchst du den passenden Geruch auf einem anderen Stäbchen und legst sie aneinander. Wenn alles richtig ist, liegen die Stäbchen am Ende im Kreis. Die Buchstaben (auf der Vorder- oder Rückseite) müssen das Lösungswort ergeben.

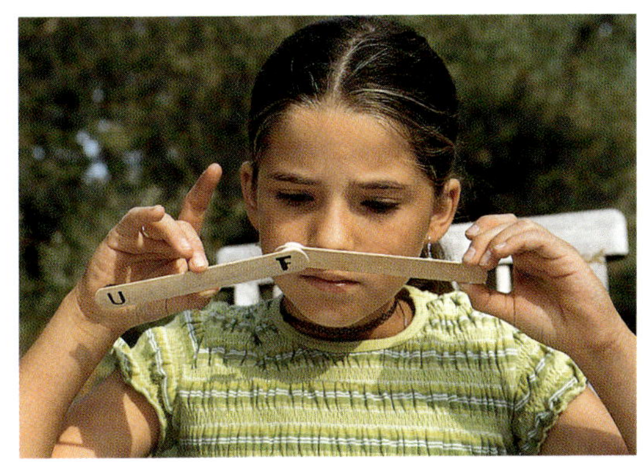

Gib das Spiel deinen Freunden.

Wem gelingt es beim ersten Mal?

Wenn die Nase genug hat

Ist dir aufgefallen, dass es nach einiger Zeit immer schwieriger wird, die verschiedenen Düfte zu unterscheiden? Die Riechzellen in deiner Nase sind gesättigt und brauchen eine Pause.

Aber auch an unangenehme Gerüche gewöhnen wir uns recht schnell. Probiere es aus: Den Essiggeruch in einem Zimmer nimmst du nach einiger Zeit überhaupt nicht mehr wahr. Wenn du das Zimmer aber verlässt und nach ca. 15 min wieder betrittst, bemerkst du den Geruch sofort.

Das brauchst du:

7 Holzspatel (aus der Apotheke)
14 Filz-Teppichschoner (aus dem Baumarkt)
7 Duftöle, Parfums oder Aromen

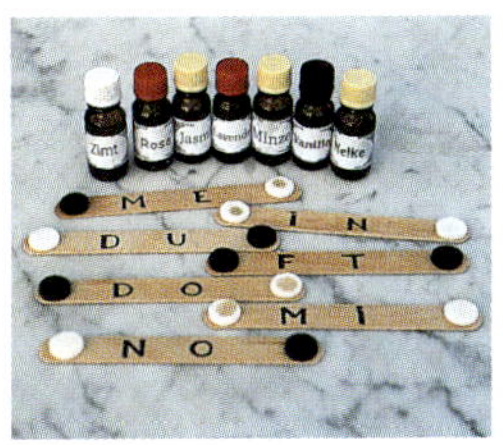

Vorbereitung für das Duftdomino

Auf die Enden der Holzspatel klebst du je ein Filzstück (Teppichschoner). Darauf tropfst du nun deine Duftöle: Auf jeden Spatel kommen zwei verschiedene Düfte. Insgesamt darf jeder Duft nur zweimal vorkommen.

Wenn die Spatel, Duft an Duft, in der richtigen Reihenfolge liegen, kannst du sie auf der Vorder- oder Rückseite noch beschriften (z. B. mit 14 Buchstaben, die ein Wort ergeben).

Das brauchst du:

*Kleine Stücke von
  Apfel, Möhre, Kohl-
  rabi, Fenchel, Birne
Nasenklammer
2 Holzspatel (flache,
  abgerundete
  Holzstäbchenaus
  der Apotheke)*

Vorbereitung

*Die Nasenklammer
baust du dir aus zwei
Holzspateln und
einem Gummiband.
Lege die Spatel auf-
einander und verbinde
sie an einem Ende
mit Klebstreifen, um
das andere Ende
kommt das Gummi-
band. Spanne es so,
dass die Klammer
nicht verrutscht und
nicht kneift.*

Was geschieht
hier?

*Für den Geschmack ist
nicht allein die Zunge
zuständig. Sie erkennt
nur süß, sauer, bitter
und salzig. Alle ande-
ren Geschmacksstoffe
im Essen spürt die
Nase auf. Beim Kauen
werden zahlreiche
Geschmacksstoffe frei-
gesetzt. Sie steigen
durch den Rachen in
die Nasenhöhle und
werden dort von den
Riechzellen aufge-
fangen und bestimmt.*

*Für die feinen Unterschiede beim Schmecken ist nicht die
Zunge, sondern die Nase zuständig.*

Ohne Nase kein Geschmack

Kennst du das? Du hast einen
Schnupfen und die Nase ist verstopft.
Es gibt dein Lieblingsgericht, aber
es schmeckt langweilig und fad. Das
zeigt dir, wie wichtig die Nase für
das Schmecken ist. Sind die Sinneszellen in deiner Nase z. B. durch
einen Schupfen lahm gelegt, kannst
du weder richtig riechen noch
schmecken. Das lässt sich leicht
überprüfen.
Setze die Klammer auf und schließe
die Augen. Jetzt lass dich von einem
Freund mit einem Probehappen
füttern. Kannst du schmecken, was
es ist? Wenn du etwas gleich
erkennst, liegt das meist nicht an
seinem Geschmack, sondern an

dem Gefühl, das du beim Kauen hast:
Ein Pfirsich kaut sich anders als ein
Stück Kohlrabi.

Süß, sauer, bitter und salzig

Die Geschmackszellen auf deiner Zunge funktionieren auch dann, wenn du Schnupfen hast. Sie können allerdings nur vier Geschmacks- richtungen unterscheiden: süß, salzig, bitter, sauer.

Die Geschmacksknospen sind aber nicht gleichmäßig über die ganze Zunge verteilt, sondern konzentrie- ren sich in verschiedenen Zonen. Süß spürst du am besten mit der Zungenspitze und bitter ganz hinten auf der Zunge, salzig und sauer an den Seiten. In der Mitte der Zunge gibt es eine Zone ohne Geschmacks- knospen. Ob das auch bei euch so ist, könnt ihr mit diesem Versuch leicht überprüfen.

Tauche den Pinsel in eine der flüssigen Geschmacksproben und betupfe damit die Zunge eines Freundes an verschiedenen Stellen. Frage ihn, an welchen Stellen er den Geschmack am intensivsten spürt.

Das brauchst du:

Zucker
Essig
Salz
Bitteraroma
1 Pinsel
4 Gläser mit Wasser

Vorbereitung

Fülle die vier Gläser zur Hälfte mit Wasser. In das erste gibst du zwei Teelöffel Zucker, in das zweite einen Teelöffel Salz, in das dritte einen Esslöffel Essig, in das vierte 5 – 7 Tropfen Bitter- aroma. Gut umrühren. Fertig sind die flüs- sigen Geschmacks- proben.

Was schmeckt die Zunge?

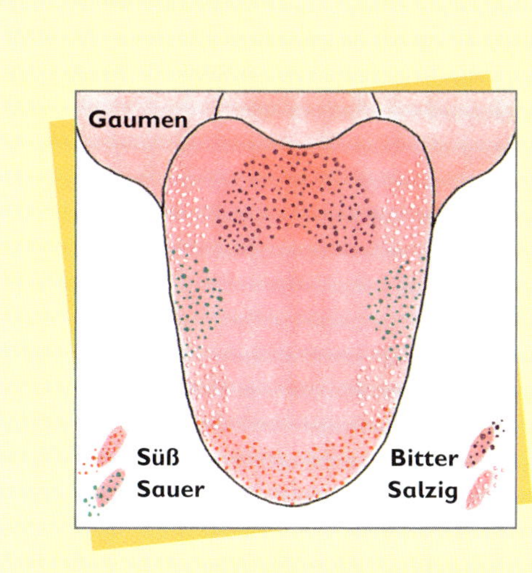

Beim Geschmack können wir süß, salzig, sauer und bitter unterscheiden. Die Sinneszellen für Geschmack befinden sich in der Mundhöhle. In bestimmten Bereichen der Zunge schmecken wir einzelne Geschmacksrichtungen beson- ders deutlich, das siehst du auf dem Bild. Man nimmt die unterschiedlichen Geschmacks- richtungen aber überall auf der Zunge wahr. Außerdem können wir im Mund noch heiß und kalt, feucht und trocken wahrnehmen sowie die Beschaffenheit von Lebensmitteln: hart, weich, klebrig, krümelig.

Das brauchst du:

*Lebensmittelfarben
   (aus der Apotheke)
1 Pinsel
Nudeln, Kartoffeln,
   Brot oder ähnliche
   Lebensmittel*

Vorbereitung

*Koche die Nudeln und
Kartoffeln wie ge-
wohnt. Anschließend
werden sie mit ver-
dünnter Lebensmittel-
farbe angemalt.*

**Was geschieht
   hier?**

*Wenn Lebensmittel
nicht ihre gewohnte
Farbe haben, sind wir
verunsichert. Das ist
auch gut so. Grün
zum Beispiel zeigt bei
vielen Früchten an,
dass sie noch unreif
sind oder bereits ver-
schimmelt. Mit roten
Brotscheiben oder
roter Milch kann ein-
fach etwas nicht
stimmt.*

Das Auge isst mit, sagt man. Schon das Aussehen einer Speise löst bei uns angenehme oder unangenehme Gefühle aus.

Schocknudeln und Giftkartoffeln

Überrasche deine Freunde doch einmal mit Lebensmitteln in Schockfarben. Giftgrüne Kartoffeln, blutrote Brotscheiben, tintenblaue Nudeln. Wie reagieren deine Versuchspersonen? Ekeln sie sich? Oder wollen sie das Essen unbedingt einmal probieren?

Gib ihnen zum Vergleich die gleiche Speise ohne Farbe. Schmecken sie einen Unterschied?
Das dürfte eigentlich nicht sein, denn die Lebensmittelfarben haben keinen Eigengeschmack. Lass sie auch mit geschlossenen Augen probieren und raten, welches die angemalten Speisen sind.

Süßes Salzwasser

Bereite die Gläser mit Salzlösung so vor:

Fülle alle sechs Becher zu zwei Dritteln mit Leitungswasser. Gib in das erste Glas 4 Teelöffel Salz und rühre um. Das Salz muss sich nicht vollständig auflösen. Dann fülle

3 Esslöffel davon ins nächste Glas. Wieder umrühren und 3 Esslöffel ins nächste Glas geben. So verfährst du bis zum fünften Glas, ins sechste Glas kommt reines Leitungswasser.

Stell die Gläser mit den Salzlösungen vor dir auf. Nimm der Reihe nach von jedem Glas einen kleinen Schluck. Beginne beim letzten Glas (Nr. 6), in dem das reine Wasser ist. Was schmeckst du? Wahrscheinlich schmeckt das Wasser von Glas zu Glas salziger. Das wird dich nicht

überraschen. Ein Rätsel ist dagegen, warum das Wasser im Glas Nr. 5 leicht süßlich schmeckt.

Das brauchst du:

6 gleich große Becher
Wasser
Salz
Esslöffel

Was geschieht hier?

Stark verdünntes Salzwasser schmeckt tatsächlich leicht süßlich. Warum das so ist, darüber rätseln die Forscher noch. Wenn der Effekt bei deinen Versuchen ausbleibt, musst du das Salzwasser noch weiter verdünnen.

Warum gibt es keine blauen Gummibärchen?

Der Hauptgrund ist: Blaue Gummibärchen lassen sich nur schlecht verkaufen. Blau signalisiert nämlich: „Achtung, ungenießbar! Lass die Finger davon!" Und Blau ist bei Lebensmitteln fast immer verdächtig. Denn in der Natur gibt es so gut wie nichts Genießbares in dieser Farbe. Außerdem verwenden die meisten Hersteller von Gummibärchen seit einigen Jahren nur noch Natur-Farbstoffe und diese gibt es für Blau nicht.

Das brauchst du:

*1–2 Flachbatterien
(4,5 Volt)*

Hinweis:

Dieser Versuch ist völlig ungefährlich. Die elektrische Spannung der Batterie ist nur sehr schwach und kann dir nichts anhaben. Der Strom aus der Steckdose dagegen kann lebensgefährlich sein! Deshalb nie mit den Fingern in die Steckdose fassen und keine Gegenstände hineinstecken!

Was geschieht hier?

Was du schmeckst, ist tatsächlich der elektrische Strom. Er kitzelt deine Geschmackszellen auf der Zunge und täuscht dir eine Empfindung vor. An der Zungenspitze, wo die Geschmacksknospen für Süßes sitzen, ist sie am stärksten.

*Strom kannst du weder sehen, noch hören oder riechen.
Aber wenn du dich traust, kannst du ihn auf der Zunge spüren.*

Wie schmeckt Strom?

Berühre mit deiner Zunge gleichzeitig die beiden Kontakte einer Flachbatterie. Was spürst du?
Auch bei zwei Batterien kann nichts passieren. Du musst sie so halten, dass ein kurzer und ein langer Kontakt sich berühren die anderen beiden Kontakte liegen an deiner Zunge.

Das Ganze klappt auch zu zweit, wenn ihr euch das zutraut: Jeder nimmt einen Kontakt in die Hand und eure Zungenspitzen müssen sich berühren. Schmeckt ihr etwas?

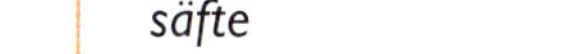

Die Zunge macht nicht mit

Lege dir einen Eiswürfel auf die Zunge und lutsche daran herum, bis dein Mund richtig kalt ist. Jetzt probiere den Fruchtsaft. Schmeckt er wie immer? Spüle mit etwas lauwarmem Wasser, bis deine Zunge wieder warm ist, und probiere noch einmal von dem Saft. Wie schmeckt er jetzt? Wiederhole den Versuch mit anderen Getränken.

Das Eis betäubt vorübergehend deine Geschmacksnerven. Eisgekühlte Getränke schmecken daher weniger intensiv als angewärmte. Dafür sind sie aber viel erfrischender.

Probiere einmal aus: Schmeckt Eiscreme anders, wenn sie geschmolzen ist? Und noch ein Tipp: Wenn du eine bittere Arznei einnehmen musst, stelle sie vorher in den Kühlschrank oder lege dir einen Eiswürfel auf die Zunge.

Verfälschter Geschmack

Hast du eine Zahnpasta, die nach Pfefferminz schmeckt? Dann trink nach dem Zähneputzen einmal ausnahmsweise einen Schluck Orangensaft oder beiß in einen Apfel. Das schmeckt scheußlich! Nicht nur Kälte beeinflusst deinen Geschmackssinn. Eine ähnliche Wirkung hat z. B. Menthol, das der Zahnpasta den typischen Pfefferminzgeschmack gibt.

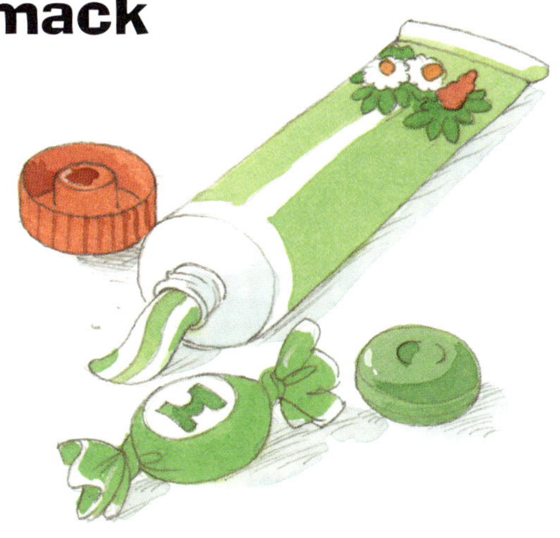

Das brauchst du:

verschiedene Fruchtsäfte
lauwarmes Wasser
Eiswürfel
Zahnpasta
Orangensaft
Eiscreme

Was geschieht hier?

Dein Geschmackssinn lässt sich auf vielfältige Art beeinflussen. Scharfe Gewürze z. B. lösen eine Art Schmerzempfinden aus, das alle anderen Reize überdeckt. Erwischst du beim Essen eine scharfe Peperoni, kannst du anschließend kaum noch süß und salzig unterscheiden. Menthol, Alkohol und Kälte betäuben vor allem die Geschmackszellen an der Zungenspitze. Aber auch bei sehr heißen Speisen und Getränken ist unser Geschmackssinn beeinträchtigt.

Test für Fruchtsaft-Feinschmecker

Das brauchst du:

Verschiedene Frucht-säfte (z. B. Orange, Apfel, Banane, Pfirsich, Kirsch, Johannisbeere, Ananas)

Vorbereitung

Damit man die Frucht-säfte nicht an ihrer Farbe erkennen kann, bekommen die Becher einen Deckel aus Pergamentpapier, in dem ein Trinkhalm steckt.

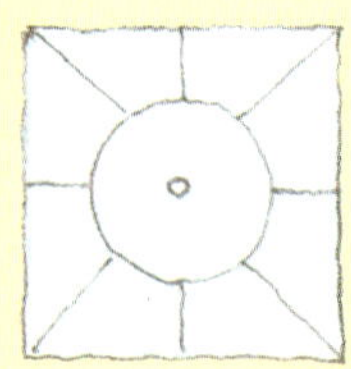

Dafür stellst du einen umgedrehten Becher auf ein Stück Pergamentpapier (20 cm x 20 cm), fährst einmal mit einem Stift um den Rand und schneidest das Papier mehrfach von außen bis zu dieser Linie ein. Jetzt lässt es sich mühelos über den Becherrand knicken. In die Mitte stichst du noch ein Loch für den Halm.

Mit Fruchtsäften kannst du testen, wie gut dein Geschmackssinn ausgeprägt ist.

Der Test besteht aus drei Teilen:

1. In jedem der fünf Becher ist ein anderer Fruchtsaft. Kannst du schmecken, welcher es ist?
2. In jedem Becher ist ein Gemisch aus zwei Säften. Welche sind es?
3. In jedem Becher ist ein Mix aus drei Säften. Welche sind es?

Auswertung:

Für jeden richtig erkannten Saft (egal ob pur oder als Teil eines Mix) gibt es einen Punkt. Werden alle Bestandteile eines Mixgetränks richtig erkannt, gibt es einen zusätzlichen Punkt.

Maximal kann man also 40 Punkte erreichen (erster Teil: 5 Punkte, zweiter Teil: 15 Punkte, dritter Teil: 20 Punkte). Zähle alle deine Punkte zusammen.

 **0–10 Punkte**
Du kannst dich bestimmt noch steigern. Übung macht den Meister.

 **11–26 Punkte**
Prima! Auf deinen Geschmackssinn kannst du dich verlassen.

 **27–40 Punkte**
Super! Du bist ein Naturtalent!

Tasten & Körper-
wahrnehmung

Fingerspitzengefühl, etwas Fantasie und Talent zum Zeichnen sind deine wichtigsten Helfer bei diesem Versuch.

Tasten, erkunden, zeichnen

Das brauchst du:

Für jeden Spieler ein Säckchen, in das seine Hand bequem hineinpasst. Papier und Stifte viele kleine Dinge (z. B. Spielfiguren, Muscheln, Glöckchen)

Bitte einen Freund, eine Reihe kleiner Gegenstände zu besorgen, die du und deine Mitspieler möglichst nicht kennen. Jedem von euch steckt er einen davon in sein Fühlsäckchen. Eure Aufgabe ist es, möglichst genau zu zeichnen, was ihr fühlt. Wenn ihr gleich erratet, was es ist, fällt das Zeichnen natürlich leichter.

Was geschieht hier?

Wenn du in das Fühl-säckchen greifst, passiert zweierlei. Deine Hand sammelt Informationen: Ist das Ding rund, eckig, spitz, rau, glatt? Gleichzeitig fragt sich dein Gehirn ständig: Was könnte das sein? Erkennst du den Gegenstand nicht, kannst du nur das zeichnen, was du tatsächlich fühlst. Meinst du aber zu wissen, was es ist, brauchst du nicht länger zu tasten. Jetzt zeichnest du nach der Vorstellung, die in deinem Gehirn von dem Gegenstand gespeichert ist. Dabei kann es passieren, dass du Sachen zeichnest, die du gar nicht fühlen kannst, z. B. das angemalte Auge bei einem Entchen.

Kannst du erkennen, welche Gegenstände die Zeichnungen darstellen sollen?

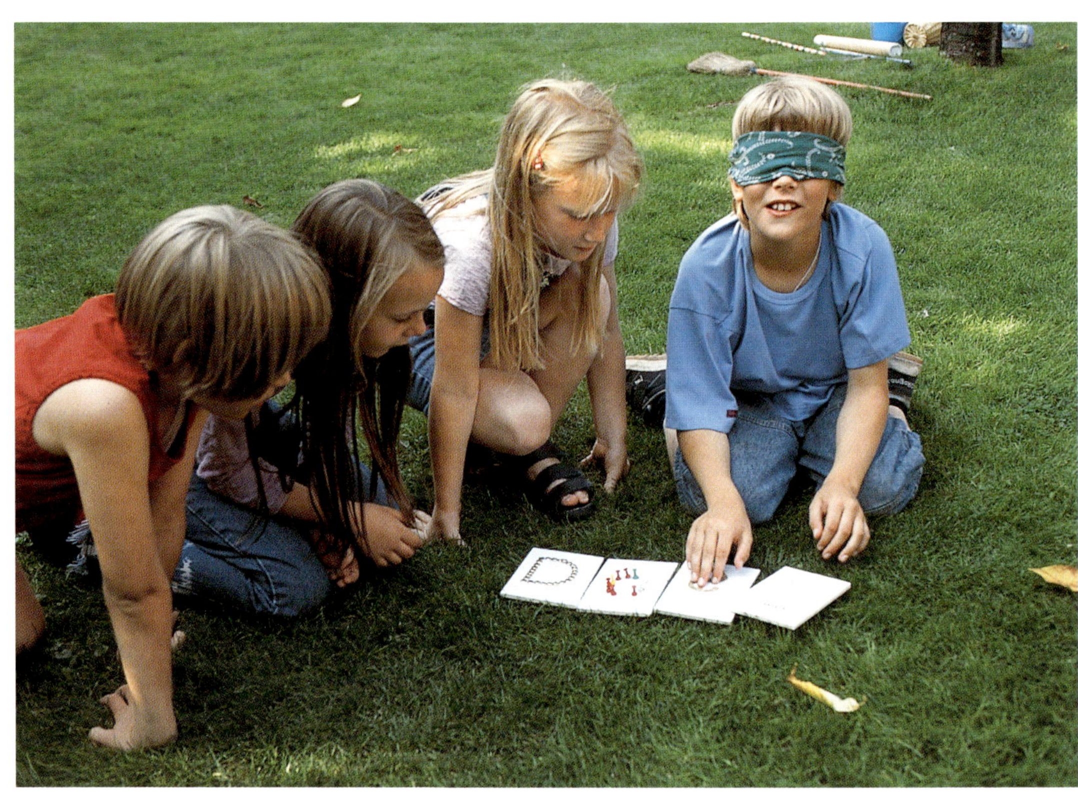

Wie fühlt sich ein „B" an, wie ein „H"? Mit selbst gemachten Buchstaben zum Anfassen kannst du das herausfinden.

Lesen mit den Fingerspitzen

So bastelst du Sandbuchstaben: Zeichne einen beliebigen Buchstaben mit einem Klebstift auf ein Stück Pappe. Streue nun feinen Sand darüber. Schüttle zum Schluss den losen Sand ab und warte, bis der Klebstoff getrocknet ist.

Das brauchst du:

viele etwa postkartengroße Stücke aus Karton, Wellpappe oder Leichtschaumplatten
Materialien, aus denen man Buchstaben aufkleben oder stecken kann (z. B. Trinkhalme, Kordel, Pfeifenreiniger, Reisbrettstifte, Nägel, Schaumstoffstreifen)
Klebstoff

Vorbereitung

Fertige Buchstaben mit verschiedenen Materialien an. Die Buchstaben zeichnest du am besten vor. In Wellpappe oder Leichtschaumplatten kannst du ganz leicht Buchstaben aus Nägeln oder Reißbrettstiften stecken.

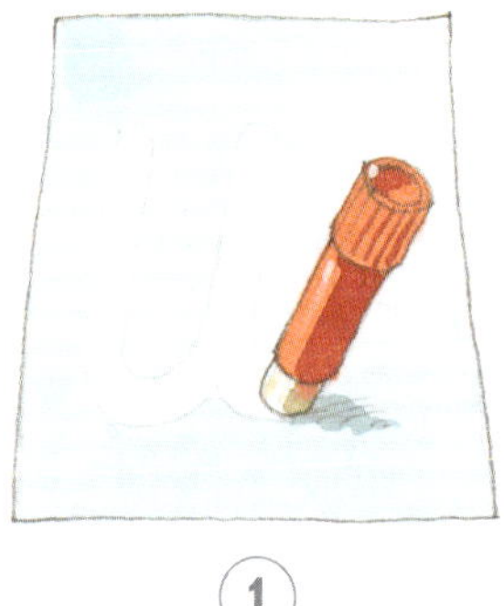

①

②

③

Versuche mit geschlossenen Augen
die einzelnen Buchstaben zu ertasten. Erspüre sie am besten zuerst mit
der ganzen Handfläche, dann mit
den Fingerspitzen.

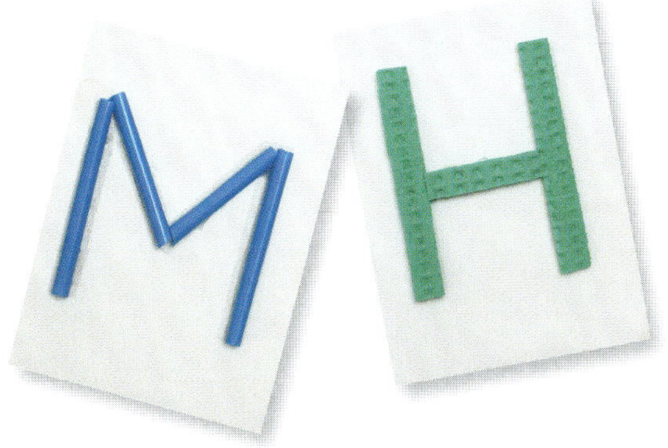

Das Lesen mit den Fingern ist eine Kunst, die du trainieren kannst. Du wirst merken, dass es dir nach einiger Zeit immer besser gelingt. Allerdings ist es viel leichter, bekannte Formen zu ertasten als unbekannte. Während du tastest, vergleicht dein Gehirn die Eindrücke ständig mit Formen, die es bereits gespeichert hat. Gibt es Übereinstimmungen, kombinierst du, was es ist, und brauchst nicht länger zu tasten. Ein unbekanntes Zeichen dagegen, kannst du erst aufzeichnen, wenn du jede Einzelheit erkundet und behalten hast.

Lass dir die Augen verbinden und
bitte einen Freund, ein Wort aus den
selbst gemachten Buchstaben zu
legen. Lass dich an der Hand zum
ersten Buchstaben führen – du
kannst ja nicht sehen, wo das Wort
anfängt. Nun lass deine Finger über
die Schrift gleiten und versuche
herauszufinden, was da steht. Wenn
es dir gelungen ist, werden die
Rollen getauscht.

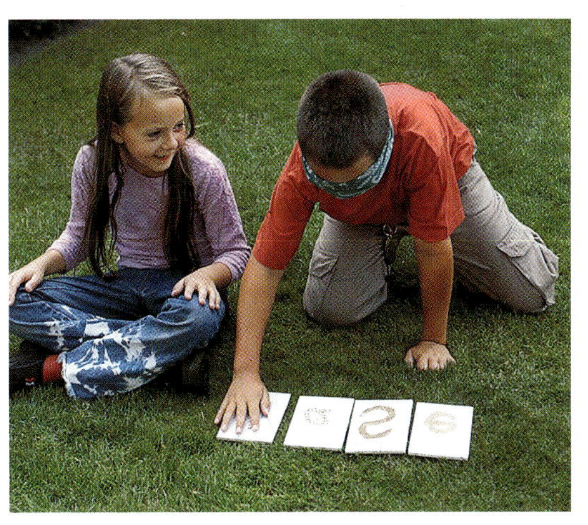

Mit dem Rücken lesen?

Lass dir von einem Freund mit dem Finger
einen Buchstaben auf den Rücken schreiben.
Kannst du spüren, welcher es ist? Und wie
steht es mit einem ganzen Wort? Kannst du
es entziffern?
Dann werden die Rollen getauscht. Ihr könnt
es auch mit einfachen Bildern versuchen:
ein Pilz, eine Blume, ein Baum, eine Sonne …

Das brauchst du:

2 gut gespitzte
   Bleistifte

**Was geschieht
   hier?**

*Die Sinneszellen in
der Haut, die Druck
empfinden, sind nicht
gleichmäßig über
den ganzen Körper
verteilt. Am dichtesten
sitzen sie auf den
Lippen und an den
Fingerkuppen. Da spü-
ren wir die beiden
Spitzen noch einzeln,
auch wenn sie nur
Millimeter voneinander
entfernt sind. Am un-
empfindlichsten ist der
Rücken. Dort liegen
die Tastzellen mehrere
Zentimeter weit aus-
einander.*

*An manchen Stellen deiner Haut bist du empfindlicher für
Berührungsreize als an anderen. Findest du heraus, wo sie sind?*

Wie viele Spitzen spürst du?

Es hört sich einfach an, ist aber sehr
schwierig: Du sollst sagen, ob dich
dein Freund mit einer oder mit zwei
Bleistiftspitzen berührt.
Bei diesem Versuch musst du dich auf
dein Gespür verlassen – deine Augen
sind geschlossen.
An manchen Stellen deines Körpers
fällt es dir ganz leicht, die richtige
Antwort zu geben, z. B. an deinen
Fingerspitzen. Am Arm ist es schon
schwieriger, auf dem Rücken fast
unmöglich. Je weiter die beiden Bleistiftspitzen auseinander sind, desto
deutlicher kann man sie einzeln
spüren.

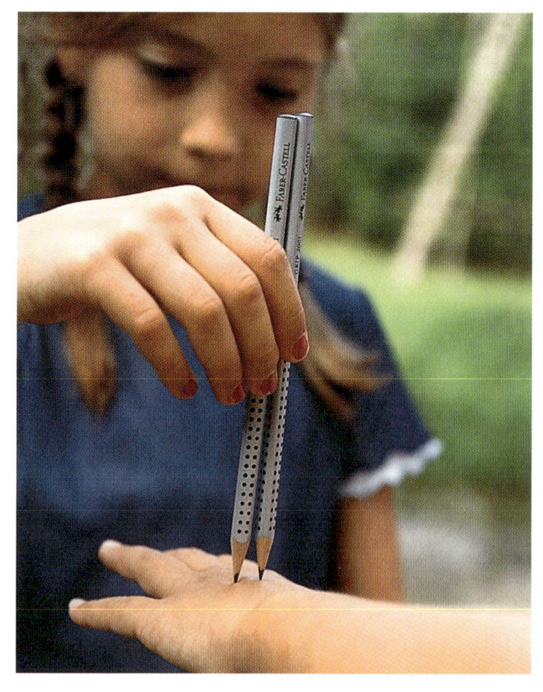

Krabbelfinger und Doppelnasen

Die doppelte Nase

Kreuze zwei Finger und lege sie so auf deine Nase, wie auf dem Bild. Wie viele Nasen spürst du?

Vertauschte Finger

Falte deine Hände über Kreuz. Bitte jemand auf einen Finger zu zeigen, den du heben sollst. Gelingt es dir?

Du spürst deine Nase doppelt, weil du sie jetzt an den Außenseiten der Finger fühlst und nicht wie gewohnt an den Innenseiten. Wenn du deine Hände über Kreuz faltest, weiß dein Gehirn nicht mehr genau, wo rechts und links ist und gibt falsche Befehle an die Finger.
Warum beim Krabbelfinger-Spiel fast jeder viel zu früh „Stopp" sagt, ist noch unklar. So kannst du den Effekt noch verstärken: Tipple mal langsam, mal schnell, auch mal ein Stück zurück und auf der Stelle.

Krabbelfinger

Dein Mitspieler hat den Arm freigemacht und die Augen geschlossen. Du tippelst mit Mittel- und Zeigefinger ganz langsam von der Hand zur Armbeuge. Wenn er glaubt, dass du angekommen bist, soll er „Stopp" sagen. Er irrt sich bestimmt.

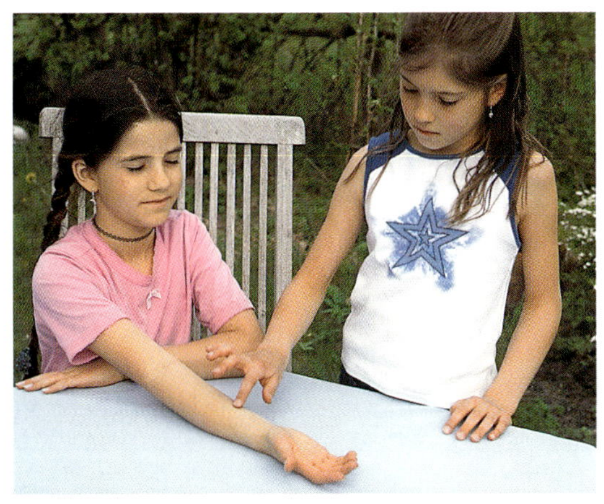

Was die Haut alles spürt

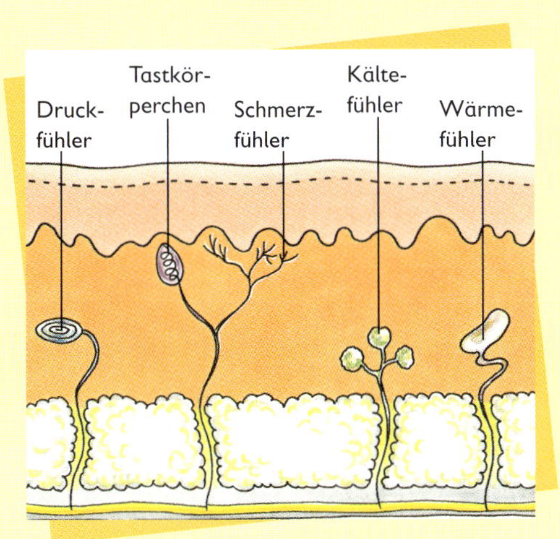

Mit deiner Haut spürst du Wind und Regen, Wärme, Kälte, Druck und Schmerz. Überall sind in der Haut unzählige kleine Sinneszellen verborgen. Man könnte sagen, die Haut ist genauso ein Sinnesorgan wie das Ohr oder das Auge. Die Tastzellen und die schmerzempfindlichen Nerven liegen direkt unter der Haut. Die Druckfühler und die Sinneszellen für Wärme und Kälte liegen in den tieferen Hautschichten.

Das brauchst du:

*3 Schüsseln
Wasser
Eiswürfel*

Vorbereitung

*Fülle in die erste
Schüssel heißes
Wasser (Badewasser-
temperatur). In die
mittlere Schüssel
kommt lauwarmes
Wasser und in die
dritte Wasser mit
reichlich Eiswürfeln.*

**Was geschieht
hier?**

*Nach einiger Zeit hat
sich deine eine Hand
auf das warme und die
andere auf das kalte
Wasser eingestellt.
Das Wasser mit der
lauwarmen Temperatur
kommt der abgekühl-
ten Hand jetzt warm
und der erwärmten
Hand kälter vor. Du
kennst das vom
Schwimmbad: Am
Anfang erscheint dir
das Wasser viel kälter,
als wenn du erst mal
drin bist. Das Bade-
wasser kommt dir
dagegen anfangs viel
zu heiß vor.*

*Ob du etwas als warm oder kalt empfindest, hängt nicht allein
von der Temperatur ab, die es tatsächlich hat.*

Heiß, warm, kalt?

Stelle die drei Schüsseln so wie auf
dem Bild auf. Tauche eine Hand
in das heiße, die andere in das kalte
Wasser. Warte nun 1–2 min. Dann
strecke beide Hände in die mittlere
Schüssel. Obwohl sich beide Hände
im selben Wasser befinden, erscheint
es der einen Hand warm und der
anderen kalt.

Den gleichen Versuch kannst du
auch mit den Füßen ausprobieren.
Dann fühlt sich das Wasser für den
Fuß, der vorher im warmen Bad
stand, kalt an und umgekehrt. Ein
Stein jedoch, der in der mittleren
Schüssel liegt, hat für beide Füße und
Hände die gleiche Temperatur.

Wie kalt ist die Münze?

Nimm nacheinander diese oder ähnliche Gegenstände fest in die Hand: eine Münze, ein Trinkglas, einen Radiergummi, einen Stein, eine Wäscheklammer, eine Schere, einen Plastiklöffel. Fühlen sie sich warm an oder kalt oder weder noch? Sortiere die Dinge von kalt bis warm. Mit einem speziellen Thermometer würdest du jetzt feststellen können, dass in Wirklichkeit alle die gleiche Temperatur haben wie die Luft, die sie umgibt. Sie erscheinen uns wärmer oder kälter, je nachdem, aus welchem Material sie sind. Dinge aus Metall fühlen sich kälter an, weil sie deine Körperwärme schneller ableiten, als Dinge aus Plastik, Holz oder Glas.

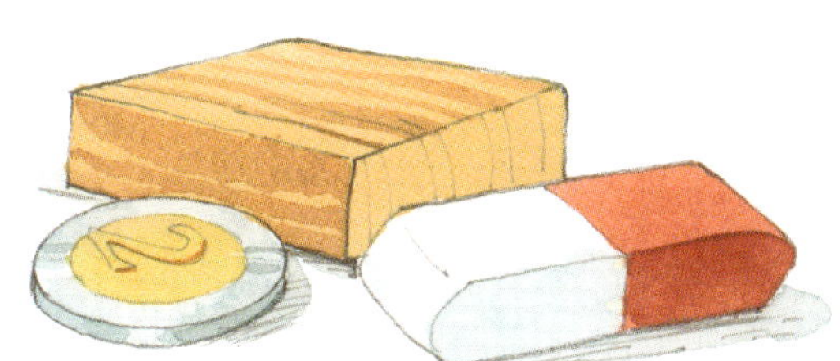

Das brauchst du:

Münze
Schere
Trinkglas
Radiergummi
Stein
Wäscheklammer
Plastiklöffel

Wie warm ist die Mütze?

Setz dir eine Wollmütze auf und schon nach kurzer Zeit hast du warme Ohren, auch wenn es draußen bitterkalt ist. Hat die Mütze deine Ohren erwärmt, weil sie so schön warm ist?
Die Mütze fühlt sich zwar warm an, sie ist in Wirklichkeit aber auch nicht wärmer als die Luft außen herum. Das kannst du mit einem Thermometer leicht überprüfen. Lege ein Thermometer in die Mütze und miss die Temperatur. Anschließend prüfst du damit die Temperatur des Raums, in dem die Mütze liegt. Was ist aber, wenn die Mütze im Kühlschrank liegt? Da ist es in ihr doch bestimmt wärmer als außen herum. Oder – was sagt das Thermometer? Wieder kein Unterschied! Dass die Mütze deine Ohren trotzdem wärmt, hat einen anderen Grund. Die Mütze selbst ist nicht warm, sie hält nur warm!

Das brauchst du:

Mütze
2 Thermometer

Was geschieht hier?

Die Mütze leitet Wärme und Kälte kaum weiter. Sie hält deine Körperwärme fest und sie verhindert, dass die Kälte an deine Ohren dringt. So sorgt sie dafür, dass die Luft um deine Ohren herum stets wärmer ist als die Luft draußen. Es ist also warme Luft, die deine Ohren wärmt und nicht die Mütze.

Weißt du, welche Sinne dir helfen, das Gleichgewicht zu halten oder einen Besen zu balancieren? Es sind mehr, als du denkst.

Auf einem Bein

Fällt es dir schwer, auf einem Bein zu stehen? Nicht besonders, oder? Was ist aber, wenn du keinen festen Boden unter den Füßen hast, sondern auf einer Matratze oder einem Kissen stehst? Das ist schon etwas schwieriger. Noch schwieriger wird es, wenn du jetzt die Augen schließt und dich nur auf dein Gefühl verlässt. Da kommt fast jeder aus dem Gleichgewicht.

Feinabstimmung

Stellt euch Rücken an Rücken und verhakt die Arme wie auf dem Foto. Bewegt die Füße vorsichtig nach vorn und versucht, euch langsam hinzusetzen und dann wieder aufzustehen. Mit ein bisschen Übung gelingt diese Feinabstimmung immer besser.

Balancier-Künstler

Viel Geschick brauchst du auf einem solchen Kippelbrett. Es besteht aus einer harten Papprolle oder Plastikröhre und einem Brett, das man lose auf die Rolle legt. Darauf die Balance zu halten, ist schwieriger, als es aussieht. Beuge dich leicht nach vorn und geh ein wenig in die Knie. Sonst landest du schnell unsanft auf dem Rücken.

Du hast sicher schon einmal gesehen, wie Frauen Wassereimer oder andere schwere Dinge auf dem Kopf transportieren. Sie bewegen sich dabei so mühelos, als hätten sie nur einen Hut auf dem Kopf. Probiere selbst einmal, wie gut es dir gelingt, kleine oder große, leichte oder schwere Dinge auf dem Kopf zu balancieren.

So bleibst du im Gleichgewicht

Wahrscheinlich weißt du gar nicht, dass du ein Gleichgewichtsorgan besitzt. Es liegt verborgen in deinem Innenohr und besteht aus Röhren (so genannte Bogengänge), die mit einer Flüssigkeit gefüllt sind. (Sieh dir diese Bogengänge auf S. 27 im Kasten an.)

Wenn du den Kopf neigst oder drehst, gerät diese Flüssigkeit in Bewegung, genau wie die Luftblase in einer Wasserwaage, wenn du die Waage schief hältst. Mehrere tausend Sinneszellen mit feinen Härchen melden jede Flüssigkeitsbewegung in den Röhren an das Gehirn weiter. So kann es die Position deines Kopfes und deines Körpers berechnen, auch wenn du die Augen geschlossen hast.

Wenn du balancierst, wird dein Gleichgewichtssinn von deinen Augen unterstützt sowie von den Tastzellen in deiner Fußsohle. Diese funktionieren am besten, wenn du barfuß auf festem Grund stehst. Noch verlässlicher aber sagen dir deine Augen, wann du aus dem Gleichgewicht gerätst.

Ebenso wichtig wie Sehen und Hören sind Gleichgewichtssinn und Tiefensinn. Sie sind in deinem Körper verborgen.

Alles dreht sich

Was geschieht hier?

Nach dem Drehen entsteht das Schwindelgefühl, weil dein Gehirn zwei widersprüchliche Informationen verarbeiten muss. Die Augen melden Stillstand: „Nichts dreht sich mehr." Vom Gleichgewichtsorgan dagegen kommt die Botschaft: „Alles dreht sich", denn die Flüssigkeit im Bogengang deines Ohres ist noch nicht zur Ruhe gekommen.

Das Schwindelgefühl hört übrigens auf, wenn du dich kurz in der Gegenrichtung drehst.

Strecke deine Arme seitlich aus und dreh dich, so schnell du kannst, im Kreis. Jetzt bleibst du stehen. Was spürst du? Hast du einen Drehwurm? So nennt man das Schwindelgefühl.

Mit einer Gugelhupf-Backform kannst du anschaulich machen, was beim Drehwurm passiert. Fülle die Form halbvoll mit Wasser und bewege sie gleichmäßig im Kreis. Nach einiger Zeit dreht sich das Wasser mit. Jetzt halte die Form ruhig – das Wasser dreht sich immer noch. Etwas Ähnliches geschieht in deinem Innenohr. Nachdem du längst aufgehört hast, dich zu drehen, kreist die Flüssigkeit im Bogengang noch weiter und meldet dem Gehirn irrtümlicherweise, dass dein Körper in Bewegung ist.

Findest du den Baum?

Aufgabe 1: Suche dir einen freiste-henden Baum und stelle dich in 10 – 20 m Entfernung von ihm auf. Bitte einen Freund, dir die Augen zu verbinden. Nun geh los. Gelingt es dir, den Baum zu finden?

Aufgabe 2: Diesmal steht dein Freund direkt beim Baum und lässt von Zeit zu Zeit einen Laut hören, damit du dich leichter orientieren kannst.

Aufgabe 3: Lass dich von deinem Freund mit verbundenen Augen zu einem Baum führen, untersuche ihn mit deinen Händen. Wie dick ist er?

Wie fühlt sich die Rinde an? Lass dich wieder zurück zum Ausgangs-punkt führen und nimm die Augen-binde ab. Gelingt es dir mit offenen Augen, den Baum wieder zu finden?

Was geschieht hier?

Warum gelingt es dir auf Anhieb, im Dunkeln deine Ferse zu berüh-ren? Woher weiß dein Finger eigentlich, wo er gerade ist? Im Inneren deines Körpers befinden sich zahllose Sinneszellen, die ähn-lich wie unser Tastsinn funktionieren. Sie informieren das Gehirn über jede Bewegung der Gliedmaßen und die Lage aller Körper-teile. Ohne diese Tiefenwahrnehmung könnten wir im Dunkeln nicht einmal sagen, ob wir auf einem Stuhl sitzen oder im Bett liegen. Wir wüssten nicht, ob wir die Hand zu einer Faust geballt haben oder ob die Finger gestreckt sind.

Wer kann das?

Schließe deine Augen und probiere, immer mit geschlossenen Augen, ob dir diese Aufgaben gelingen:

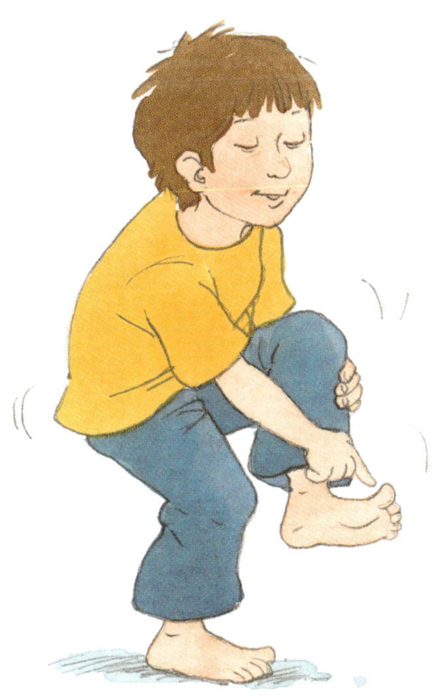

- Berühre mit dem Zeigefinger deine Nasenspitze.
- Führe den linken Ringfinger zum rechten großen Zeh.
- Hebe beide Hände vor der Brust genau auf die gleiche Höhe. Wiederhole den Versuch. Jetzt nimmst du dabei etwas Schweres in eine Hand.
- Lege deine beiden kleinen Finger hinter deinem Rücken aneinander.
- Dein Freund nimmt eine verrückte Körperhaltung ein. Kannst du sie nachmachen?

Welche Aufgaben fallen dir leicht?

Was findest du schwierig?

Das brauchst du:

*eine große und eine kleine Tüte in der gleichen Farbe
Murmeln, Steinchen oder Sand
Küchenwaage*

Vorbereitung

*Fülle in jede Tüte exakt die gleiche Menge Murmeln, Steinchen oder Sand.
(mindestens 400 g)*

Du wirst staunen, wie gründlich dich dein Gefühl für leicht und schwer täuschen kann.

Was ist schwerer?

Was geschieht hier?

Sowohl bei den Tüten, als auch bei den Schachteln verrechnet sich unser Gehirn, weil wir etwas anderes erwarten, als was wir tatsächlich spüren. Wir erwarten, dass der kleinere Behälter auch der leichtere ist. Das trifft hier überraschender Weise nicht zu. Deshalb überschätzt das Gehirn das Gewicht der kleinen Tüte und der kleinen Schachtel erheblich. Aber nur, wenn wir sie auch sehen können.

Stelle die beiden vorbereiteten Tüten nebeneinander auf den Tisch. Bitte einen Freund, dir zu sagen, welche Tüte schwerer ist. Dazu soll er zuerst mit dem kleinen Finger die große Tüte anheben und dann die kleine. Die meisten, mit denen du diesen Test machst, werden sicher sein: „Die kleine Tüte ist schwerer." Frag ihn, ob er bei seiner Meinung bleibt, nachdem er nochmals die große Tüte angehoben hat.

Jetzt könnt ihr nachwiegen. Die Waage lässt sich nicht täuschen. Selbst dir wird die kleine Tüte schwerer erscheinen, obwohl du weißt, dass das eigentlich nicht sein kann.

Das kann nicht sein!

Hier wird es noch verrückter. Wieder brauchst du jemanden als Testperson. Stelle die beiden Schachteln aufeinander und gib sie einem Freund in die Hand, so wie du es auf dem Bild siehst. Dann soll er die beiden Schachteln abstellen und nur die kleine aufnehmen.

Es ist unglaublich, aber die kleine Schachtel allein scheint tatsächlich schwerer zu sein als beide Schachteln zusammen. Wie jeder weiß, kann das natürlich nicht stimmen. Der Eindruck ist jedoch so echt, dass viele einen Trick dahinter vermuten, z. B. einen versteckten Magneten. In Wirklichkeit spielt uns unser Gehirn einen Streich. (Mit geschlossenen Augen lassen wir uns übrigens nicht täuschen.)

Der warme und der kalte Taler

Du brauchst zwei gleich große Münzen. Die eine legst du eine Zeit lang in heißes Wasser, die andere währenddessen in den Kühlschrank. Lege dich auf den Rücken, sodass du dir die Münzen auf die Stirn legen kannst. Nimm erst die warme und dann die kalte Münze. Welche fühlt sich schwerer an?

Wechsle ein paar Mal. Du kannst auch beide Münzen gleichzeitig auf die Stirn legen. Wahrscheinlich scheint dir die kalte Münze schwerer zu sein.

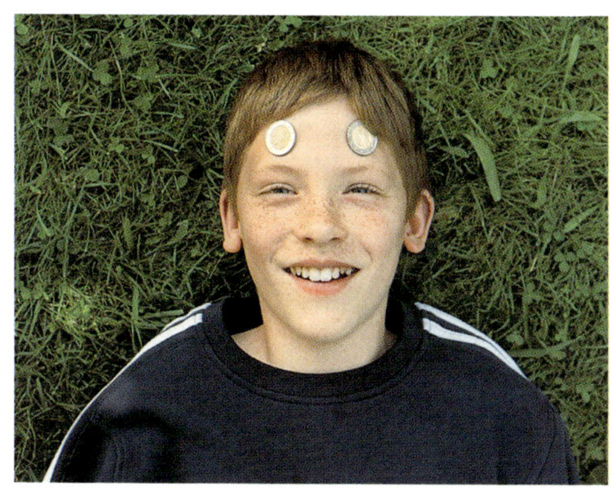

Eisgekühlt und nichts gefühlt

Das brauchst du:

*kleine Schüssel
Eiswürfel
Stecknadeln*

Vorbereitung

*Stelle die Schüssel auf
den Tisch und lege
ein paar Stecknadeln
daneben.*

**Was geschieht
hier?**

*Wie die Kälte das Tast-
und Schmerzempfin-
den beeinflusst, ist
noch nicht vollständig
erforscht. Vermutlich
erreichen die Kälte-
signale früher das
Gehirn und behindern
die anderen Sinnes-
eindrücke.*

Fülle die Schüssel mit Wasser und gib
reichlich Eiswürfel hinein. Nun tauche
etwa 2 min lang eine Hand in das
erfrischende Bad. Dann trockne sie
rasch ab und versuche, die Stecknadeln vom Tisch zu nehmen, eine nach
der anderen. Das ist gar nicht so
einfach, denn du hast kaum Gefühl in
den Fingerspitzen. Die Kälte lähmt
vorübergehend deinen Tastsinn.
Deshalb fällt es dir z. B. auch schwer
mit eiskalten Fingern eine Jacke
zuzuknöpfen.
Kälte beeinträchtigt übrigens auch
dein Geschmacksempfinden. Sicher
hast du selbst schon gemerkt, dass
eiskalte Speisen kaum Geschmack

haben. Es hat aber auch Vorteile,
dass Kälte die Nerven lähmt. Wenn
du dir den Kopf gestoßen hast oder
den Fuß verstaucht hast, hilft ein Eis-
beutel. Die Kälte lindert den Schmerz
und verhindert, dass du eine Beule
bekommst.

Ihr könnt auch um die Wette spielen.

Wer ist am schnellsten?

Vorbereitung

*Klebe mit unterschied-
lich dicken Wollfäden
ein Labyrinth auf ein
Stück Pappe.*

**Was geschieht
hier?**

*Deine Fingerspitzen
mit ihren empfind-
lichen Tastzellen finden
schneller und sicherer
den Weg durchs Laby-
rinth als dein Auge.
Beim Sehen muss das
Gehirn viel mehr
Daten verarbeiten als
beim Fühlen.*

Das Tastlabyrinth

Manchmal hilft uns unser Tastsinn
besser weiter, als das Sehen.
Hier kannst du das ausprobieren.
Bitte einen Freund oder eine
Freundin nur mit Hilfe der Augen,
den Weg durch das Tastlabyrinth
zu finden.
Im zweiten Durchgang sollen sie
nur die Fingerspitzen benutzen und
die Augen schließen.
Was fällt ihnen leichter? Was geht
schneller?

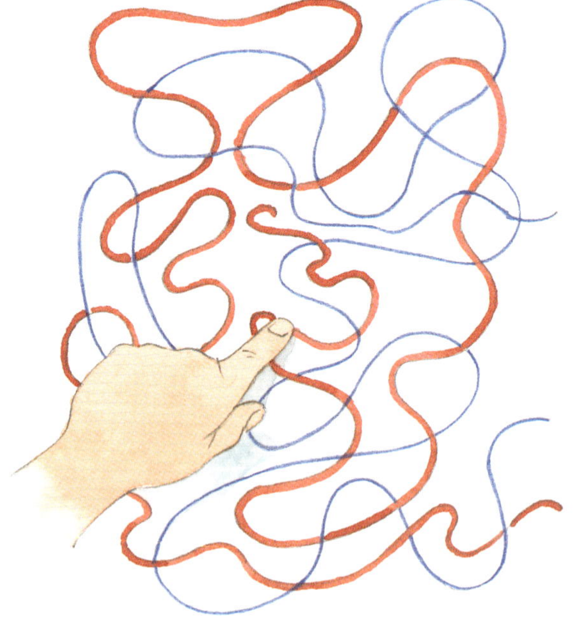

Wie gut ist dein Fingerspitzengefühl?

Dieser Test zeigt dir, wie gut dein Tastsinn auch feine Unterschiede empfinden kann.

Test 1

Halte deine Augen fest geschlossen. Von einem Partner lässt du dir nacheinander immer eine Fühlprobe aus dem Karton in die Hand geben. Du darfst jede ausgiebig betasten. Dann versuchst du mit den Fingerspitzen das Gegenstück auf dem Fühlbild wiederzufinden. Für jeden Treffer gibt es einen Punkt.

Test 2

Diesmal sind deine Augen geöffnet. Du hältst aber deine Hände hinter dem Rücken, sodass du nicht sehen kannst, welche Probe dein Partner dir gibt. Das Gegenstück sollst du nur mit den Augen auf dem Fühlbild wiederfinden, also ohne es anzufassen. Für jeden Treffer gibt es zwei Punkte.

Das brauchst du:

Schuhkarton
Stück feste Pappe
9 möglichst unterschiedliche Stoff- und Fellreste (z. B.: Samt, Leder, Kord, Frotteestoff, Wischlappen, Wolle, Schaffell, Topflappen)

Vorbereitung

Schneide von jeder Stoffprobe zwei etwa gleich große Stücke ab. Eines davon klebst du auf ein Stück Pappe, das andere legst du in den Schuhkarton.

Auswertung:

Zähle deine Punkte aus Test 1 und 2 zusammen.

 **0–9 Punkte**

Dein Fingerspitzengefühl ist anscheinend noch nicht optimal entwickelt. Versuch es noch einmal und lass dir beim Ertasten der Fühlproben mehr Zeit.

 **10–21 Punkte**

Deine Leistung kann sich sehen lassen. Du irrst dich nur, wenn die Fühlproben auch tatsächlich schwierig zu unterscheiden sind.

 **21–28 Punkte**

Prima. Du hast ein feines Fingerspitzengefühl und du kannst dir gut vorstellen wie das, was deine Finger fühlen, beschaffen ist und aussieht.

Aus der Welt der Sinne

Wie finden Brieftauben nach Hause?

Bis heute weiß niemand genau, wie sich Tauben orientieren. Wahrscheinlich richten sie sich an dem Magnetfeld aus, das die Erde vom Nordpol bis zum Südpol umgibt. In der Haut über ihrem Schnabel befinden sich nämlich winzige Körnchen aus dem magnetischen Mineral Magnetit. Das Magnetit reagiert auf das Magnetfeld und sendet Signale an das Gehirn der Taube. So weiß sie immer, wo sie sich gerade befindet und welchen Rückweg sie nehmen muss. Taubenkinder haben noch kein Magnetit. Darum können sie nicht allein nach Hause finden.

Kann dich das Baby im Bauch der Mutter hören?

Die Fruchtblase, in der das Baby heranwächst, ist mit Wasser gefüllt. Nach fünf Monaten kann es schon hören, wie es in Mamis Bauch gluckst und rauscht, und wie ihr Herz schlägt. Es hört aber auch, was draußen passiert. Bei angenehmen Geräuschen fühlt es sich wohl, bei lauten Geräuschen erschrickt es. Wenn du mit ihm redest, kann es noch nicht verstehen, was du sagst. Aber es gewöhnt sich an deine Stimme und erkennt sie wieder, wenn es auf die Welt kommt.

Wie orientieren sich Fledermäuse im Dunkeln?

Fledermäuse können mühelos im Dunkeln durch einen Raum fliegen, in dem überall dünne Drähte aufgespannt sind. Um sich zu orientieren stoßen sie für uns unhörbare Ultraschall-Laute aus und erkennen am Echo, wo sich ein Beutetier oder ein Hindernis befindet. Sie sehen sozusagen mit den Ohren.

Macht ein rotes Tuch den Stier wütend?

Der Stier sieht zwar das Tuch, aber er kann die Farbe nicht erkennen. Seine Augen nehmen die Farbe Rot nicht wahr. Der Stier rennt wahrscheinlich auf das Tuch los, weil der Stierkämpfer mit dem Tuch wild herumwedelt. Das macht den Stier nervös.

Wozu haben Katzen Schnurrhaare?

Die Schnurrhaare der Katze funktionieren wie hochempfindliche Antennen. Mit ihrer Hilfe spüren Katzen Mäuse auf, orientieren sich in der Dunkelheit und nehmen kleinste Temperaturunterschiede wahr. Mit Hilfe ihrer Barthaare können sich sogar blinde Katzen in einem ihnen bekannten Gebiet gut zurechtfinden. Selbstverständlich dürfen diese Antennen niemals gestutzt oder abgeschnitten werden.

Wie viele Sinne gibt es?

Wie viele Sinne ein Mensch hat, lässt sich nicht eindeutig sagen. Sicher ist, dass wir nicht nur sehen, hören, schmecken, riechen und fühlen können. Insgesamt haben Forscher über 150 verschiedene Sorten von Sinneszellen gezählt, die Informationen an das Gehirn weiterleiten. Wenn man von jemandem sagt, er habe einen sechsten Sinn, ist aber noch etwas anderes gemeint. Anscheinend gibt es Menschen, die über unerklärliche Fähigkeiten verfügen: Sie können Gedanken lesen, Ereignisse voraussagen und sogar Gegenstände allein mit ihrem Willen bewegen. Wissenschaftlich bewiesen ist das aber noch nicht.

Können Fische reden?

Fische sind alles andere als stumm.
Wir hören sie nicht, weil unsere
Ohren unter Wasser schlecht funk-
tionieren. Mit speziellen Mikrofonen
dagegen hört man in fischreichen
Gebieten ein Konzert von Pfeiftönen,
Knallgeräuschen und merkwürdigen
Gesängen. Fische erzeugen diese
Geräusche mit ihrer Schwimmblase.
Sie nutzen sie bei der Suche nach
einem Partner, und um sich auf der
Jagd zu verständigen oder ihr
Revier zu verteidigen.
Fische haben übrigens auch eine
extrem feine Nase. Durch ihre
Nasenlöcher riechen sie alle Stoffe,
die im Wasser gelöst sind. Lachse
erinnern sich an den Geruch und den
Geschmack des Flusslaufes, in dem
sie geboren wurden und können die
Stelle wiederfinden, an der sie aus-
geschlüpft sind.

Haben Klapperschlangen vier Augen?

Wie alle Tiere haben Klapper-
schlangen zwei Augen, mit denen
sie sehen. Doch die Natur hat sie
mit einem weiteren Augenpaar
ausgestattet. Neben ihren Nasen-
löchern liegen Vertiefungen, man
nennt sie Gruben. Mit ihnen kann
die Klapperschlange Wärme wahrnehmen. Die Gruben sind viel
empfindlicher als unsere Haut: Sie
erkennen Wärmeunterschiede
von einem tausendstel Grad. So
kann sich die Klapperschlange auch
im Dunkeln gezielt eine Maus oder
ein anderes Beutetier schnappen.

Wie finden Haie ihre Beute?

Haie und viele andere Fische haben einen hochempfindlichen sechsten Sinn. Mit ihm können sie an kleinsten Druckschwankungen im Wasser spüren, wo sich etwas bewegt. So finden sie zielsicher aus großer Entfernung verletzte oder kranke Tiere. Die Sinneszellen, die ihnen das ermöglichen, verlaufen auf beiden Seiten des Körpers von den Augen bis zum Schwanz. Daher kommt der Name Seitenlinienorgan.

Sehen Tiere die gleichen Farben wie wir?

Einige Tiere können mehr Farben unterscheiden als wir. Für Vögel zum Beispiel ist das ultraviolette Licht, das wir als weißes Sonnenlicht wahrnehmen, eine eigene Farbe. Auch für Bienen ist ultraviolettes Licht bunt. Blütenblätter, die für uns weiß sind, sehen sie in farbigen Mustern. Die Farbe Rot können sie gar nicht erkennen.

Wie verständigen sich Ameisen?

Wenn eine Ameise etwas Leckeres gefunden hat, nimmt sie ein Stückchen davon und läuft zurück zu ihrem Bau. Dabei scheidet sie einen Duftstoff aus, den die anderen Ameisen mit ihren Fühlern riechen und der ihnen zeigt: Hier geht es lang! Auch die zweite und alle anderen Ameisen legen eine solche Duftspur. Dadurch wird der Geruch immer intensiver. Ist das Futter verbraucht, wird kein Duftstoff beim Rückweg abgegeben, der Geruch wird schwächer. Die anderen Tiere wissen dann, dass nichts mehr zu holen ist.

Bildnachweis

Alle Fotos stammen von Hermann Krekeler, außer:
S. 10, 23, 24, S. 38 oben und Lavendel; S. 39 Zimt und Junge;
S. 42 oben, S. 49, S. 60, S. 61 Heidi Velten
S. 20 oben MEV
S. 37 Jutta Weser
Kolummne S. 50–65 Claudia Rehm
Alle Illustrationen stammen von Rolf Bunse, außer:
S. 15 unten, 27 unten, 39 unten, 43 unten,
S. 55 unten Birgit Rieger
S. 17, 19 oben, 20 Stefan Lohr
S. 18 Akiyoshi Kitaoka, Department of Psychology,
Ritsumeikan University Kita-ku, Kyoto, Japan

Bibliografische Information Der Deutschen Bibliothek

Die Deutsche Bibliothek verzeichnet diese Publikation in
der Deutschen Nationalbibliografie;
detaillierte bibliografische Daten sind im Internet über
http://dnb.ddb.de abrufbar.

Die Schreibweise entspricht den Regeln der
neuen Rechtschreibung.

4 3 2   07 06 05

© 2004 Ravensburger Buchverlag
Otto Maier GmbH
Postfach 1860
88188 Ravensburg

Layout: Bettina Buck
Illustrationen: Rolf Bunse
Umschlagfoto: Bildagentur Mauritius/Raith
Umschlaggestaltung: Dirk Lieb
Redaktion: Britta Vorbach

Printed in Germany

ISBN 3-473-35850-9

www.ravensburger.de

Und noch mehr Ravensburger Bücher zum Malen, Basteln und Spielen:

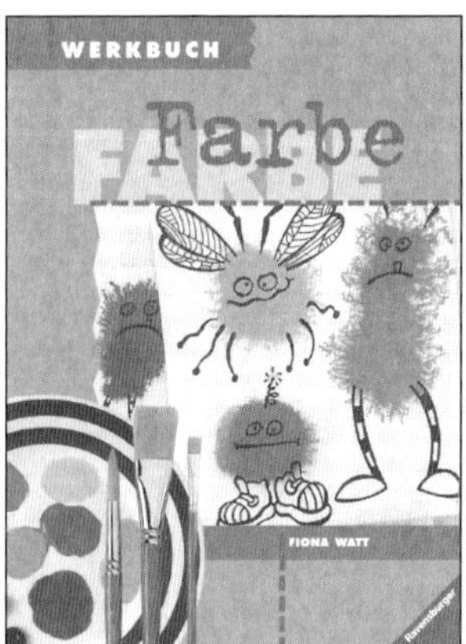

Fiona Watt
Werkbuch Farbe
Techniken wie Collage, Batik,
Druck, Nass-in-Nass-Malerei,
praktische Übungen zum Malen
mit verschiedenen Farben,
Kreiden und Tinte sowie vielen
Tipps machen dieses Buch zum
Standardwerk.
ISBN 3-473-**37812**-7

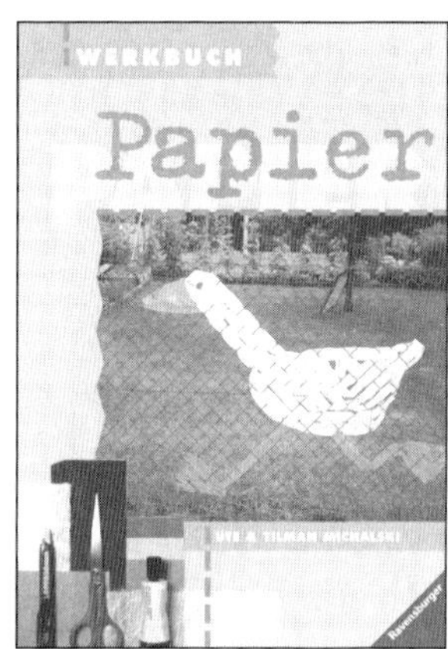

Ute Michalski
Werkbuch Papier
Das große Standardwerk zum
Thema Basteln und Werken
mit Papier. Farbige Fotos zeigen
alle Modelle und genaue Sach-
zeichnungen veranschaulichen,
wie es gemacht wird.
ISBN 3-473-**37804**-6

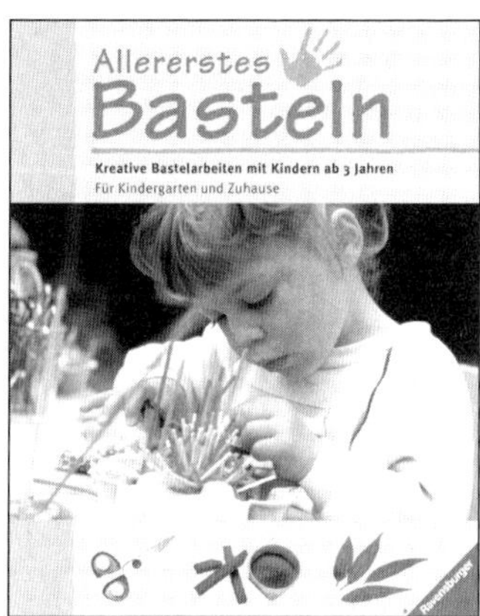

Allererstes Basteln
Dieser wertvolle Ideenratgeber für
alle, die sich mit kleinen Kindern
beschäftigen, zeigt einfache Bastel-
arbeiten mit Farbe, Papier, Pappe,
Ton, Filz, Wolle, Knete, Stempel und
Naturmaterialien.
ISBN 3-473-**37345**-1

Bertrun Jeitner-Hartmann (Hrsg.)
**Das große Ravensburger
Buch der Kinderbeschäftigung**
Das erfolgreiche Standardwerk in
aktueller Überarbeitung. Durch die
praktische Einteilung nach Alters-
gruppen sind die Beschäftigungs-
ideen zu allen wichtigen Themen
sofort verfügbar.
ISBN 3-473-**37351**-6

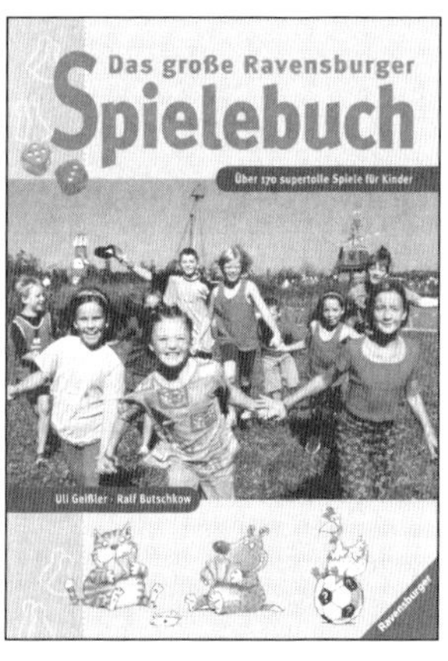

Uli Geißler/Ralf Butschkow
Das Ravensburger Spielebuch
Ob drinnen oder draußen, allein
oder in der großen Gruppe – aus
über 170 Spielen findet hier jeder
das richtige Spiel.
ISBN 3-473-**37347**-8

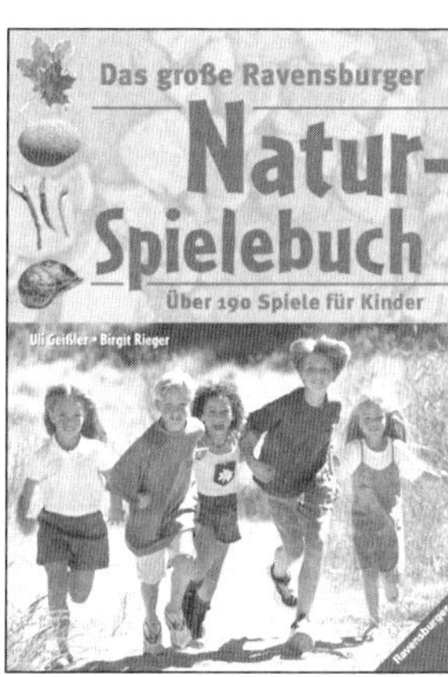

Uli Geißler
**Das große Ravensburger
Natur-Spielebuch**
Ob Spiele auf der Wiese, im Wald
oder in der Stadt, allein oder in
der Gruppe – dieses Buch ist eine
Fundgrube für alle, die Kindern
intensive Sinnes- und Natur-
erfahrung ermöglichen wollen.
ISBN 3-473-**37836**-4

Gute Idee.

Ravensburger